语言生活皮书

广州语言生活状况报告
（2018）

屈哨兵　主编

商务印书馆
The Commercial Press
2018年·北京

顾　问　郭　熙
主　编　屈哨兵
副主编　郭　杰

编　委　（按音序排列）
　　　　　戴仲平　邓永红　郭　杰　和丹丹
　　　　　李晓云　刘惠琼　马　喆　屈哨兵
　　　　　汪　磊　王海兰　王毅力　魏　琳
　　　　　徐曼曼　徐朝晖　禤健聪　张晓苏
　　　　　张迎宝

编　写　广州大学语言服务研究中心

中国的语言生活皮书新阵容

——序《广州语言生活状况报告(2018)》

《广州语言生活状况报告(2018)》的出版,使得中国的语言生活皮书形成了"四加二"的庞大阵容。

《中国语言生活状况报告》常称为"绿皮书",是国家语委最早组编的语言生活皮书。绿皮书2004年筹编,2006年出版,至今已13个年头。绿皮书还有了相应的英文版、韩文版和日文版,并伴而编纂了具有资政功能的《中国语言生活要况》。2016年,《中国语言文字政策研究发展报告》(后更名为《中国语言政策研究报告》,俗称"蓝皮书")出版。2016年,《世界语言生活状况》和《世界语言生活报告》(俗称"黄皮书")出版。2017年,《中国语言文字事业发展报告》(俗称"白皮书")出版,最终形成了国家语委的"绿、白、蓝、黄"皮书系列。2016年,北京市出版了《北京语言生活状况报告》,现在,广州市又出版了《广州语言生活状况报告》。北京是中国的"首善之区",广州是改革开放的前哨,两部皮书,展示着"南北双雄"的城市语言生活景观。

这些皮书的基本理念是"语言生活":关注语言生活问题,促进语言生活和谐,提升个人和国家的语言能力。这些皮书共同的编纂追求是"有事有趣有思想":所谓"有事",就是要反映语言生活中的大事与热点,反映政府的语言政策与举措;所谓"有趣",就是要尊重读者,表述要尽量符合大众语言习惯,"说事"要重视用典型事例和真实数据;所谓"有思想",就是不满足于把皮书只作为一个记事簿,而要在记事的同时,注意分析事件的形成原因与发展走向,揭示制约事件的因素与规律,努力淬炼出语言规划的新观念、新理论。

在"语言生活"基本理念指导下,在"有事有趣有思想"的编纂追求中,这些皮书又各有侧重,相互配合,相得益彰。"绿皮书"主要反映语言生活的重大事件与热点问题,其中也包括政府的重大语言举措;它还是其他皮书的"底盘",在人才、资源、观念等方面为其他皮书提供支撑。"白皮书"主要反映政府语言规划,而且要尽量有数据,具有权威性;它还要有针对性地回答国内外对中国语言文字政策、中国语言生活的疑惑与疑问。"蓝皮书"主要反映中国语言规划及其相关的学术研究状况,并要对研究有所评论,有所引导。"黄皮书"主要报道世界各国和国际组织的语言生活状况,且对一些重要事件要做出评论,对国际语言生活要发出中国声音。

地方的语言生活绿皮书,是皮书的生长点。各地有各地的语言生活,有各地的语言文字工作特色,甚至还有各地的语言规划长项,故而有出版绿皮书的价值和条件。比如北京,是普通话语音标准的提供者,又需要为来京的各地各国人士提供语言服务,为在京举办的重大活动提供语言服务,为京津冀的发展提供语言服务。这是北京作为"首善之区"的独特语言生活。而且,北京市开展了首届中国北京国际语言文化博览会,主题是"语言让世界更和谐,文明更精彩",这一活动立意高远,填补了我国博览会和语言文字工作的空白,的确为"首善之举";北京市开展的语言产业研究,在国内发生了重大的学术影响和产业影响。北京市独特的语言文字生活,北京市独特的语言规划活动,构成了北京市语言生活状况报告的特色与价值。

广州是广东省省会,毗邻港澳地区,是国家重要的中心城市,又是粤港澳大湾区的核心城市。在中国南方,如何推广国家通用语言文字,如何处理好普通话、粤方言、闽方言、客家方言之间的语言关系,如何保护好、利用好地方语言与文化,广州具有示范带头作用。在现代城市建设中,如何做好城市语言服务,如何促进城市语言产业的发展,如何通过语言文字来形成大都市的文化风格,特别是如何利用语言文字来建设智慧城市,也是非常值得思考的。

2017年3月召开了十二届全国人大五次会议,国务院在政府工作报告中明确提出,要研究制定粤港澳大湾区城市群发展规划。粤港澳大湾区是由广州、佛山、肇庆、深圳、东莞、惠州、珠海、中山、江门等9市和香港、澳门两个特别行政区形成的城市群,是继美国纽约湾区、美国旧金山湾区、日本东京湾区之后的世界第四大湾区,是在"大珠三角"城镇群协调发展基础上的提升,是内地与港澳地区合作的进一步深化。粤港澳大湾区建设,语言文字问题显然是必须考虑的重要问题之一。首先是在城市运作、经济活动、文化生活中处理好普通话、粤方言、英语、葡语和简化汉字、繁体汉字、英文、葡文等多语言多文字的问题。其次是语言服务问题。大湾区不仅是中国的,也是世界的,其语言服务可能会涉及200种语言或方言，必须有强大的语言服务队伍和语言服务的智能化技术方案。第三是自然灾害、紧急治安事件等紧急状态下的语言应急问题。比如在台风、海啸、泥石流、地震、火灾、抢劫、恐怖袭击等情况下，利用何种语言及语言技术来及时发布信息、得体地组织救灾、果断制止抢劫及恐怖行为等。第四是语言信息化手段的充分运用问题。智慧化大湾区的建设，如何利用语言智能集成信息、发布信息、共享信息、保证信息安全等。广州是大湾区的重要城市，在粤港澳大湾区的语言生活和语言能力建设中富有特殊使命。

《广州语言生活状况报告》的撰写团队，是以屈哨兵教授为首的广州大学语言服务研究团队。早在2005年9月，上海举办"世博会语言环境建设国际论坛"，哨兵教授就提出了"语言服务"的理念；继之不断发表论文，从资源、业态、领域、层次、效能等角度，建立了语言服务的理论架构，引起学界重视。2012年，广州大学与教育部语言文字应用研究所合作，共建"语言服务研究中心"，主办第一届语言服务高级论坛。2016年，出版《语言服务引论》。2017年，又举办第二届语言服务高级论坛。

语言服务不仅是重要的语言生活内容，也是语言规划学的重要篇章。十余年来，在语言服务领域，哨兵教授和他的团队既有理论探索，又有服务实践，用扎根中国大地的学术姿态梳理语言资源，观察语言实践，引导语言生活，自觉将学术研究与国家语言文字事业结合，成为"语言生活派"的重要一支。此部"语言生活状况报告"的编写，是在实践语言生活派的理念，也是一种语言服务。

语言服务是语言产品的生产者、拥有者向需求者提供语言产品的过程，哨兵他们的研究使我更加明确地意识到，语言需求是语言服务的核心环节：有需求才有语言服务；有什么样的需求，才可能有什么样的语言产品和语言服务；需求的满足方式，决定了语言服务的方式；需求满足的程度是评价语言服务质量与水平的重要指标。故而研究语言服务首要的是研究语言需求；提升社会的语言需求，就能促进语言产业的发展，促进语言服务的发展，同时也是促进社会的发展。

从"管理也是服务"的角度看，政府对语言生活的治理，也是语言服务，是向社会提供语言政策、语言规范标准、语言生活相关信息等公共产品。语言服务理念也是政府职能由"管理"到"治理"的重大转变。

广州有独特的语言生活，有语言服务等独特的研究领域，相信他们能够写出有价值的语言生活报告。这一报告不仅壮大了中国的语言生活皮书阵营，而且也会对中国南方的语言生活发挥重要作用。如果中国有条件的省域和城市,也能见贤思齐,仿效北京和广州,来研究当地的语言生活,报告当地的语言生活,健康发展当地的语言生活,那该是一种什么景象呀!

李宇明

2018 年 4 月 20 日

序于北京惧闲聊斋

目　　录

第一部分　工作篇 ··· 001

广州市语言文字工作（2008—2017） ···················· 003
广州市中华经典诵读 ··· 010

第二部分　区域篇 ··· 017

公共场所语言文字使用情况 ····································· 019
传统核心城区街巷命名及其理据 ······························ 033
城市商业区商店标牌用字情况 ·································· 046
北京路商业步行街商店名称十年变化 ······················· 058
城中村语言景观调查——以北亭村为例 ···················· 070
地铁站名命名状况 ··· 077
酒店命名现状调查 ··· 087
饮食业中的同义异形外来词 ····································· 098

第三部分　社群篇 ··· 109

青年"广二代"语言生活状况 ··································· 111
湖南籍外来人口语言生活状况 ·································· 118
在穗外籍人士汉语学习需求调查 ······························ 129
非洲籍外来人员语言使用状况 ·································· 136
在穗外籍商务人员学习和使用汉语情况 ···················· 149
广州企业语言使用情况 ·· 158
小学生参赛作文语言使用调查 ·································· 168

目 录

第四部分　资料篇 ·· 179

广州话历史文献语料概观 ·· 181

广州市语言类非物质文化遗产名录 ··· 189

广州市语言文字工作大事记（2008—2017）······························ 193

后记 ·· 209

第一部分

工 作 篇

广州市语言文字工作(2008—2017)

2011年,党的十七届六中全会在北京举行,全会听取和讨论了胡锦涛同志的工作报告,审议通过了《中共中央关于深化文化体制改革、推动社会主义文化大发展大繁荣若干重大问题的决定》,提出注重培育主流文化,重振国民精神,部署"文化兴国"战略。十八大以来,以习近平同志为核心的党中央站在复兴中华民族优秀传统文化、实现中国梦的高度,更是提出要大力传承与发展中华优秀传统文化,教育部和中共中央办公厅、国务院办公厅先后颁布了《完善中华优秀传统文化教育指导纲要》《关于实施中华优秀传统文化传承发展工程的意见》。面对新的机遇与挑战,广州市语言文字工作认真贯彻中央决议精神和广州城市发展战略,在省教育厅、省语委的正确指导和大力支持下,紧紧围绕宣传贯彻《中华人民共和国国家通用语言文字法》这一中心任务,积极落实《国家中长期语言文字事业改革与发展规划纲要(2012—2020年)》,认真学习《国家语言文字事业"十三五"发展规划》,以依法推进语言文字工作为重点,以开展宣传教育和普及规范标准为基础,以社会用字监测执法为抓手,不断加强对社会语言环境的积极引导和有效监控,推动社会语言文字应用规范化水平和管理水平的不断提高。

一 制度建设创新

广州市委、市政府十分重视语言文字工作。2007年,广州市即通过国家语委、省语委的一类城市语言文字工作评估,基本达到"普通话初步普及,汉字的社会应用基本规范"的语言文字工作目标要求。广州市委、市政府切实加强领导,注重统筹协调。在2008—2017年间,广州市政府工作报告中多次指出"传承发扬岭南文化""倡导全民阅读"等,把语言文字规范化工作纳入城市发展和精神文明建设的总体规划,纳入创建全国文明城市和迎亚运等工作的部署,纳入对公务员、教师、新闻媒体和公共服务行业人员基本素质的要求。

2015年8月13日,国务院教育督导委员会办公室印发《语言文字工作督导评估暂行办法》,广州市语委、市人民政府教育督导室结合实际研制方案,有计划、有步骤地在全市开展语言文字工作督导评估。

2017年3月,广州市教育局印发《广州市教育事业发展第十三个五年规划(2016—2020年)》,将建立健全学习型社会建设体制机制列入"十三五"的主要任务中,明确指出应"加强语言文化建设,传承和弘扬中华优秀语言文化,提升语言文字社会应用规范化水平"。

二　队伍专业化

广州市于1985年成立语言文字工作委员会,2012年又调整和完善市语委会成员,由分管教育的副市长担任市语委主任,市直有关部门和各区、县级市政府以及有关高校、新闻媒体等32个单位的负责人为委员。市语委不断完善语言文字工作体系、充实语言文字工作队伍,队伍由四方面人员组成:一是各区和各市属学校语委办干部,负责本区域、本单位语言文字工作的统筹管理;二是市属有关单位的语言文字工作联络员,负责各行各业语言文字工作;三是语言文字社会监督员,负责社会用语用字规范工作;四是普通话水平测试员,负责普通话培训和测试工作。通过不断完善多部门协同的联席会议制度,目前,广州市已形成了自上而下、覆盖全市、环环相扣的语言文字工作网络,"政府主导、语委统筹、部门支持、社会参与"的工作格局,为语言文字工作纵深推进奠定了坚实的基础。

市语委办十分注重加强语言文字工作队伍的建设,为抓好业务培训,经常分期分批邀请专家做专题辅导讲座。此外,市语委办还通过组织参加经验交流、学习考察等活动,不断提高广州市语言文字工作者的政策水平和科研、业务能力。2015年11月,市语委办组织各区语委办干部到河南省进行调研学习,学习当地在经典诵读、语言文字规范化建设、传承优秀文化传统等方面的做法和经验,加强了沟通和交流。

三　特色项目

(一) 推动普及和提高

全国推广普通话宣传周(以下简称"推普周")活动是推广普通话工作的基本

措施之一。广州市以每年的"推普周"活动为契机,开展形式多样、群众喜闻乐见的宣传活动,弘扬中华优秀传统文化,提升市民的语言文字规范意识和应用水平。自2008年以来,市语委办先后在荔湾区、花都区、萝岗区、黄浦区、南沙区、白云区、增城区、从化区、越秀区、广州大学、海珠和广州医科大学开展了推普周活动。

除了利用"推普周"活动向社会进行宣传外,市语委办还积极利用其他相关活动平台进行宣传。例如,2010年,第16届亚运会和首届亚残运会在广州市举办,市语委办紧紧把握这个契机,从2009年伊始,即加大宣传和整治社会用字的力度,为亚运会的举办创设了良好的语言文字环境,树立了广州文明城市的形象。

(二)突出特色和实效

市直各委、办、局、公司大力支持、积极配合市语委办的工作,结合本区域、本行业、本单位的实际,挖掘优势,追求实效,扎实开展语言文字工作,并努力形成长效机制。

市政府办公厅:高度重视语言文字规范管理和使用工作,认真贯彻以文辅政的理念,严格遵守办文、办会有关规定,强化宣传提高,做好培训服务,推进语言文字处理工作的规范化。

市卫生计生委员会:将规范语言文字工作作为一项基础性、日常性的工作,持之以恒,常抓不懈。卫计委机关、市疾控中心等单位成立了语言文字工作领导小组,完善了语言文字工作机构。

市民政局:为深入宣传国家语言文字法律法规和方针政策,组织开展知识竞赛,借助民政局的公众网平台对活动进行全方位报道。

市公安局:建立了语言文字应用日常监督制度,坚持不懈抓好语言文字的规范使用。在规范办文的同时,还注意加强公安网站语言文字的规范管理。

市旅游局:把语言文字规范化工作与旅游管理、市场整顿、旅游企业文化建设和提高旅游从业人员综合素质结合起来,把普通话培训纳入导游员继续教育培训的内容中。

白云山、越秀公园等公共服务场所:注重服务人员的普通话培训与考评,把语言文字规范化建设作为公园精神文明建设的重要组成部分。

(三)实现抓早和抓牢

1. 广泛开展中华诵经典诵读系列活动。按照国家和省语委的部署,认真开展中华经典诵读活动,通过丰富多彩的形式增强活动的吸引力、感染力。广州市的中华经典诵读活动主要分为3个系列。

(1)建立"中华诵·经典资源库"。2015年,广州市教育局组织一批专家学者为全市中小学生(含中等职业学校学生)分别编制了校园经典阅读推荐书目;多数中小学还编写了校本教材并对其中的经典篇目进行讲解、书法展示等。以上两个方面的内容构成了经典资源库的主要内容,社会反响良好。

(2)举办"我们的节日·清明/端午/中秋/重阳"等一系列传统节日诵读活动。2010年6月13日,国家语委"中华诵·2010经典诵读晚会(端午篇)"在广州大学演艺中心上演。此次晚会由广州大学承办,省市语委高度重视,晚会充分展示了广州地区中华经典诵读的丰厚积累。时任教育部副部长、国家语委主任李卫红,时任国家语委副主任、教育部语言文字应用管理司司长王登峰,时任中央文明办调研组组长杨新贵,时任中国教育电视台台长康宁,时任广东省教育厅副厅长李学明,时任广州市副市长徐志彪等省(部)、市领导莅临晚会现场观看演出。整场晚会结合端午节丰富的文化内涵以及广州大学合并建校以来取得的辉煌成就,对经典诗文进行了倾情诵读和精彩演绎。

(3)举办中华经典诵读大赛等拥有广泛群众参与基础的诵读活动。自2009年以来,广州市教育局连续9年举办了广州市中小学生诵读中华经典美文表演大赛活动,全市中小学(含中等职业学校)的师生、家长广泛参与到比赛中,取得了良好的社会反响。2016年第八届表演大赛决赛上,各参赛队伍紧密结合社会主义核心价值观,取材优秀传统文化,紧扣时代主题,立意新颖,精心编排,充分展示了经典美文蕴含的文化魅力,在潜移默化中培养了学生的爱国情感和民族精神。

2. 积极创建语言文字规范化示范校。语言文字工作必须从娃娃抓起,从学校抓起,创建语言文字规范化示范校是加强学校语言文字工作的重要契机。

2008年,市语委办开始组建广州市语言文字规范化示范校评估员队伍,并组织召开广州市语言文字规范化示范校评估员培训会,对市旅游商贸职业学校等进行语言文字工作评估。2009年,广州市实现了国家级、省级语言文字规范化示范校的零突破。自此之后,市语委办每年都积极推进语言文字规范化示范校的创建工作。截至目前,广州市有 40 所学校被认定为市级语言文字规范化示范校,有 21 所学校被认定为省级示范校,有 5 所学校被认定为国家级示范校。各级语言文字规范化示范校的示范效应正在逐步形成。

3. 坚持开展规范汉字书写活动。市语委办自 2009 年以来,每年都要举办广州市中小学生规范汉字书写大赛,并选拔优秀学生参加省级比赛。通过各层次的培训、开展中小学生规范汉字书写比赛、积极创建广东省规范汉字书写教育特色学校等方式,不断提高广州市中小学生规范汉字的书写水平,培养高尚的艺术情操。

此外,市语委办还开展了广东省规范汉字书写教育特色学校的视导工作。在对广州市中小学规范汉字书写教育状况进行摸查的基础上,市语委办鼓励学校注重内涵发展,办出学校特色,做好规范汉字书写教育特色校申报的前期工作。2013 年,市语委办召开第一批特色校评审会,推荐 10 所学校申报省规范汉字书写教育特色校并顺利通过。市语委办每年都积极创建广东省规范汉字书写教育特色学校。截至目前,全市有省级特色校 17 所、市级特色校 73 所。

4. 以多种形式开展学校的语言文字工作。广州市大中小学结合学生的年龄特点、兴趣爱好、品德培养、课程教学等方面,积极开展多种形式的语言文字活动。

2012 年以来,为进一步活跃校园文化氛围,不断提高广大学生的文化素质、艺术素质和文明素质,达到"育德、启智、健体、树人"的目的,广州市教育局连续 6 年举办市属高校大学生"中华经典诵读"知识竞赛。包括广州大学、广州医科大学、广州番禺职业技术学院、广州城市职业学院、广州市广播电视大学、广州铁路职业技术学院等高校在内的学生纷纷踊跃参与到该项活动中,大力传承发展了中华优秀传统文化。

(四)强化服务和宣传

市语委办十分重视在网络中进行语言文字法律法规及方针政策的宣传,在 2003 年 9 月专门开通了广州市语言文字网站。网站宣传了国家语言文字工作的法律法规及方针政策,推广了本地和兄弟省市的语言文字工作经验,介绍了语言文字方面的知识,发布了普通话水平培训和测试的信息,为网友们搭建了一个获取信息、咨询政策、沟通交流的互动平台。

市语委办和市语言文字工作协会密切关注广州市语言文字网的建设,每年都致力于完善广州语言文字网站的功能,改进信息的更新与发布工作,扩大网站的社会影响,发挥网站的服务、宣传作用。

四　普通话培训测试与时俱进

(一)健全网络,完善制度

市语委办充分认识到普通话水平测试工作的重要性和必要性,在硬件上加大投入,在软件上加强指导,有效地促进了普通话水平测试工作的开展。1997年12月,广州市成立普通话水平测试中心。2002年起,全市各区以及广州大学等3所学校先后成立普通话水平测试站,形成了"一个中心、十五个测试站点"的管理网络。2010年起,在全市范围内陆续开展计算机辅助普通话水平测试工作。为了更好地完成普通话测试工作的转型,市语委办专门制定了《广州市普通话水平测试信息化管理规定》《广州市普通话水平测试员职责和工作要求》等一系列规章制度,使广州普通话水平培训测试工作有序管理、规范推进、创新发展。2014年,还探索开展视障人员的普通话水平测试。

(二)精心培训,注重科研

普通话培训和测试既是专业性较强的工作,也是面向社会、面向民众的公共服务。在工作中,市语委办注意增强测试工作人员的公仆意识,提高服务质量。在抓好普通话培训和测试的基础上,市语委办依靠教研室和市语言文字测试中心,在广州市大中小学开展普通话培训与语文教学相结合的课题研究,既解决教学中的实际问题,又在实践中巩固培训成果,并通过教师、学生在更大范围内推动讲普通话、用规范语。2011年,国家级普通话测试员、广州大学刘惠琼副教授等鉴于计算机辅助测试的全面展开,编写出版《普通话水平计算机辅助测试教程》,受到学习者的广泛欢迎。

(三)拓宽范围,推广测试

1998年,广州市启动了对全市在职教师的普通话水平培训与测试。通过开展普通话培训与测试,调动了教师学习普通话的积极性,提高了教师讲普通话的水平,推进了学校普通话教育教学工作。2005年,广州市启动了对公务员和社

会人员的普通话水平测试。2011年起,市语委办还联合广州市幼儿师范学校研发针对母语非汉族人群、华人华裔的汉语口语水平测试(HKC),为外国人士提供语言服务。

随着时代和社会的发展,特别是新的历史时期党和国家中心工作任务的确立,语言文字工作从内容到形式都有了进一步的拓展、深化,顺应和引领社会语文应用潮流,以语言文字的规范、发展提升中华文化的影响力和感召力,以中华文化的继承弘扬增强语言文字的生命力、扩大语言文字工作的社会影响,使语言文字和文化互为载体共同提升国家文化软实力和文化生产力,这是时代赋予我们的光荣使命。广州市将继续振奋精神,迎接挑战,努力工作,力争再创新业,再立新功!

(和丹丹、李晓云)

广州市中华经典诵读

近年来,以习近平同志为核心的党中央站在复兴中华民族优秀传统文化、实现中国梦的高度,提出要大力传承与发展中华优秀传统文化,教育部和中共中央办公厅、国务院办公厅还先后颁布了《完善中华优秀传统文化教育指导纲要》《关于实施中华优秀传统文化传承发展工程的意见》。在以上政策的支持与引导下,广州市各级政府部门、各单位和大中小学开始把传承中华优秀传统文化作为一项重要任务加以落实,并构建了以广州市大中小学为基础的中华优秀传统文化传承体系。

一 中小学:开展丰富多彩的中华经典诵读系列活动

自20世纪90年代起,中国各地陆续开展中华经典诵读活动。2007年,教育部语言文字应用管理司启动"中华诵"。2008年,中共中央宣传部、教育部、共青团中央等共同启动"中华诵——雅言传承文明,经典浸润人生"系列活动。自2010年开始,"中华诵"逐渐发展成为三大系列:一是"中华诵·经典资源库"的建设;二是传统节日诵读活动;三是拥有广泛群众参与基础的诵读活动,包括经典诵读大赛、书写大赛、中小学生中华诵夏令营等[1]。广州市中小学的中华经典诵读活动基本是按照以上3个系列的模式展开的。

(一)"中华诵·经典资源库"的建设

经典资源库建设是"中华诵·经典诵读行动"的核心。首先,精心遴选经典文选:第一部分是从浩如烟海的传统经书典籍中选择能够反映中华优秀传统文化精髓、符合社会主义核心价值体系的诗词歌赋文;第二部分是现有大中小学语文课本中的经典篇目。其次,对这些篇目做四方面的诠释:一是请名师讲解,二

---

[1] 屈哨兵、和丹丹《中华经典诵读发展状况与策略建议》,《教育导刊》2015年第1期。

是请名家朗诵,三是请专家吟诵,四是请书法家进行书写。

2015年11月,广州市教育局按照"高品位、广覆盖、好效果"的要求,组织开展了编制广州市中小学校园经典阅读推荐书目的工作,书目分为小学生篇、初中生篇、高中生(含中等职业学校学生)篇,各阶段书目分别为100本;不少中小学也开发了针对性强的校本教材并对经典篇目进行讲解和书法展示等。

(二)传统节日诵读活动

自2008年国务院增列清明、端午、中秋为法定节日以来,为弘扬中华优秀传统文化,传承中华文明,开展爱国主义教育,构建中华民族共有精神家园,教育部、国家语委、中央文明办举办了"诵读经典名篇,挖掘节日内涵,展示传统魅力"为主题的"中华诵·传统节日晚会"。

广州市文明办、广州市教育局等各级各类政府部门和中小学也联合举办了传统节日晚会,有力地弘扬了中华优秀传统文化。例如:2013—2016年,先后在越秀区少年宫小云雀剧场、花都区政府大礼堂、黄埔区萝岗少年宫、荔湾区平安大剧院举办了"我们的节日·清明/端午/中秋/重阳"经典诵读展演活动等。

(三)拥有广泛群众参与基础的诵读活动

1. 中华经典诵读大赛

"中华诵"系列活动开展以来,自2009年以来,广州市教育局连续9年举办了广州市中小学生诵读中华经典美文表演大赛活动,全市中小学(含中等职业学校)的师生及家长都广泛参与到比赛中,取得了良好的社会反响。特别对于广大在校青少年来说,他们通过诵读经典感受中华经典文化,展示风采、交流学习、提升素质,自觉成为传承与弘扬中华优秀文化、打造中华民族共有精神家园的志愿者和实践者,增强了对中华文化的热爱。

2. 规范汉字书写大赛

广州市教育局自2009年以来,每年都要举办以中华经典为书写内容的广州市中小学生规范汉字书写大赛(含软笔、硬笔等),并选拔优秀学生参加培训,备战省级、国家级规范汉字书写大赛。通过比赛,不仅可以提高中小学生规范汉字书写的水平,也引导青少年亲近经典,培养青少年深厚的人文素养和审美情趣。

3."中华诵"夏令营

教育部、中央文明办在以往活动的基础上,还开展了中小学生"中华诵"夏令营活动,通过夏令营帮助青少年了解和熟悉中华经典。2009年8月,广州市教育局、市语委办选派代表参加了在江苏省泰州市举办的首届全国中小学生"中华诵"夏令营。同学们在夏令营中学习、感悟中华文化经典诗文,增长了知识,开阔了眼界,有利于传承优秀传统文化。

广州市中小学广泛开展的中华经典诵读系列活动,为深入培育和践行社会主义核心价值观,大力弘扬中华优秀传统文化,深化党史以及广州市情教育,大力推进未成年人思想道德建设起到了良好的作用。

二 广州大学:构建"五维一体"的中华优秀文化传承阅读体系

广州各市属高校,如广州大学、广州医科大学、广州番禺职业技术学院、广州城市职业学院等,纷纷开展了中华经典诵读系列活动,并在此基础上进行科学的研究与总结。特别是广州大学,以马克思主义"人的全面发展"学说为理论依据,以党和国家力推的传承发展中华优秀传统文化的战略作为指导思想,以中华经典阅读活动的开展作为抓手,借鉴传播学的"5W"模式,按照"为何读""谁来读""读什么""怎么读"与"读的效果如何"5个维度构建了"五维一体"的中华优秀文化传承的阅读体系。[①] 根据该体系传承中华优秀传统文化,取得的成效更为显著。

第一维:关于"为何读",即确立教育的目标与理念问题。习近平总书记从文化自信角度指出学习中国优秀传统文化"对树立正确的世界观、人生观、价值观很有益处"。中共中央办公厅、国务院办公厅印发的《关于实施中华优秀传统文化传承发展工程的意见》,明确提出实施中华优秀传统文化传承发展工程要紧紧围绕实现中华民族伟大复兴的中国梦,坚持以社会主义核心价值观为引领,坚守中华文化立场、传承中华文化基因,不断增强中华优秀传统文化的生命力和影响力等。据此,广州大学提出要以社会主义核心价值观为引领,以实现中华民族伟

[①] 屈哨兵、纪德君《以大学为核心构建中华优秀传统文化的传承体系——基于中华经典阅读实践的探索与思考》,《高教探索》2017年第5期。

大复兴的中国梦为远大目标,以培养学生正确的世界观、人生观、价值观为教育理念,通过中华经典阅读等切实加强大学生的人文涵养,塑造其健全人格并提升其人生境界。

第二维:关于"谁来读",即明晰阅读主体这一问题。《关于实施中华优秀传统文化传承发展工程的意见》指出,要把中华优秀传统文化传承发展贯穿国民教育始终,遵循学生认知规律和教育教学规律,按照一体化、分学段、有序推进的原则,实施中华经典诵读工程。据此,广州大学认为中华经典阅读应从中小学抓起,贯穿学校教育的始终,高校作为国民教育最重要的出口,在中华经典阅读实践中负有"最后一站"的把关校准作用,既要为基础教育各学段的经典教育提供智力支撑,也要为在校大学生提供养德修身进行价值定型的养分与平台,还要为中华经典阅读拓展到社会各个层面、推动全民阅读进行行动示范牵引。

第三维:关于"读什么",即开发教育内容这一问题。广州大学在开发中华经典阅读的内容时,关注其是否有助于培育社会主义核心价值观,是否体现了家国责任感和历史使命感,是否有现实的人文关怀,是否有启迪人生的价值,是否有较高的审美文化品位与独特的审美文化魅力等。[①] 另外,从中华经典的历时性与现时性特点出发,也考虑了传统经典与红色经典的有机结合,在历史与现实的维度中建立一种文化脉络。

第四维:关于"怎么读",即探索经典阅读的方法问题。广州大学在经典阅读的方式方法上进行创新,积极开发出大学生乐于接受的"多样态"的经典阅读方式,大大改善了经典阅读的实践效果:首先,大力提倡"素读"经典,即排除各种辅助手段,纯粹地阅读(含精读、朗读、默读等)纸质经典。其次,考虑到新媒体时代大学生的媒介接触习惯发生很大改变,青睐微媒介(智能手机、社会网络 SNS 以及微博、微信等)及媒体内容,广州大学将部分中华经典作品制作成学生喜闻乐见的多媒体、碎片化的数字资源,使大学生可以轻松地、随时随地选择、获取和利用微小的学习内容模块,在可移动的、情境化的环境中获得一种轻快的甚至带有一定娱乐性的学习体验。同时,广州大学还开发了阅读活动专题网站等,引导学生线下阅读、线上讨论。再次,通过竞赛性阅读(竞读)来激发大学生的学习动力。从 2012 年开始,广州市教育局和广州大学每年都要举行一次规模盛大的广

---

① 纪德君《关于中华经典的若干理解与思考——以〈中华经典诵读选本〉为例》,《教育导刊》2015 年第 1 期。

州市属高校"中华经典诵读大赛",吸引了数以万计的大学生踊跃参加。通过实施以上多样态的中华经典阅读方式,有效地解决了目前高校中华经典阅读教育方式过于死板、单调,一些学生不感兴趣的问题。

第五维:关于"读的效果如何",即经典阅读效果的评价问题。为了给中华经典阅读实践提供一个必要的保障,广州大学颁布了《广州大学本科生第二课堂学分实施办法》,将其纳入学校人才培养规则和人才培养目标的核心要素体系之中,利用网络平台开发相应的考试评价系统,将经典阅读作为考试科目,使之制度化、常态化。任何年级的学生都可以参加上机测试,合格者获得相应的学分,有效引导,使学生在踏入社会之前的国民教育"最后一站"能得到比较充实的中华经典的涵育与浸润。此外,还开展各种形式的经典阅读比赛、评选活动,表彰经典阅读的先进集体、先进个人,定期整理、汇编、出版优秀读书征文、读书报告、读书心得等,有效激发学生阅读经典的兴趣和热情。

三 同心协力,扩大中华优秀传统文化的辐射力

广州市开展中华经典阅读与教育活动,不仅立足于课堂、校园,还努力将中华优秀传统文化的传承发展推广到城市社会生活中去,使之更好地服务于城市文化建设,甚至还考虑了如何让中华经典走出国门,传播到国外去,形成了"三走进一走出"的推广行动模式。

所谓"三走进",就是采取得体有效的方式让中华经典走进大学,走进中小学,走进城市社区。比如广州大学颁布了《广州大学"经典百书"阅读推广活动实施方案》,开发了系列经典导读类通识核心课程,立项建设了一批经典导读类通识教育在线开放课程(慕课),通过共享和购置等方式引入了高质量的经典导读在线课程,鼓励教师有意识地宣传推介"经典百书",实现"经典百书"阅读与通识教育和专业教育有机融合。目前,广州大学开设的经典导读类通识核心课程与慕课有"中华文化经典导读""唐诗经典导读""宋词经典导读""中国古代小说经典导读""中国现代文学经典导读"等,构建了面向全体学生的课内与课外、线下与线上有机融合的阅读推广机制。

让中华经典走进中小学,是指在中小学开展丰富多彩的中华经典诵读系列活动。广州大学开展中华经典阅读活动时,有意识地将中小学生囊括在内,通过构建"三联动"的实践教育体系,将大中小学的中华经典阅读活动有效地衔接起

来。2013年开始,广州大学制订了"中华经典进中小学活动方案",每年设专项资金,选派大学教师与大学生到中小学校开展中华经典讲座,指导中小学生开展各种经典阅读活动,如:广州市中小学生诵读中华经典美文表演活动、"书香校园"及"阅读之星"选拔活动等,和大学形成了一种良性互动,活动的价值取向与活动的品质都得到了有力的保障。

让经典阅读走进社区,是指广州市大中小学通过在社区中传播推广中华经典,促进中华优秀传统文化与市民文化生活的有机融合。各级各类学校通常借助于各种传统节日,配合丰富多彩的节日民俗活动,开展经典诵读系列活动。比如:2011年广州大学在海珠区举办了"我们的节日·端午"经典诵读展演活动,深受市民的欢迎与好评;广州市教育局连续9年举办中小学生诵读中华经典美文表演大赛活动系列经典美文诵读与展演,也吸引了众多普通市民的参与。以上活动在相当程度上发挥了大中小学传承发展优秀传统文化、服务地方城市文化建设的职能,为学习型城市的建设注入了生动的力量与元素。

所谓"一走出",是指让中华经典走出国门,配合国家正在实施的"一带一路"战略,对外传播中华优秀传统文化,讲好中国故事。近年来,广州大学分别利用与意大利帕多瓦大学和美国卫斯理安学院共建的孔子学院,每年举办一些传播中华优秀文化的主题活动。2010年,为了配合意大利"中国文化年"举办了"中国宣传周"活动,在帕多瓦产生了广泛的社会影响,起到了在国外传播中华优秀文化的积极作用。

总之,广州市以大中小学为基础建构了传承中华优秀传统文化的经典阅读体系,实施多样态的中华经典阅读方式,开拓"三走进一走出"的中华优秀传统文化的推广路径等,解决了实施中华经典阅读普遍存在的一些问题,为更有效地传承发展中华优秀传统文化提供了一些可资借鉴的做法与思考。未来广州市还要坚定不移地传承发展中华优秀传统文化,"扎根中国、融通中外,立足时代、面向未来",中华优秀传统文化是我们的"根",只有在扎根中国的基础上才可能更好地融通中外、立足时代和面向未来。

(屈哨兵、和丹丹)

第二部分

区 域 篇

公共场所语言文字使用情况[*]

公共场所语言文字使用情况是城市语言生活的最直接呈现,从中可以观测一座城市的语言风貌和文明建设程度。在国际化大都市建设过程中,广州市的语言文字工作取得长足的进步,实现了 2010 年以前初步普及普通话、汉字社会应用基本规范的目标。广州市于 2007 年 5 月接受并通过了教育部、国家语委以及省教育厅、省语委的一类城市语言文字工作评估,取得较好的成绩。时隔近十年,我们对广州市部分公共场所语言文字使用情况又进行了调查。

一 基本情况

广州作为国家中心城市、国际大都市,毗邻港澳地区,同时又是粤方言代表话所在地。这造就了广州较为特殊的城市语言景观,双语双言、语码混合现象鲜明,独特的粤方言用字成为公共场所一道别致的风景线。

本次调查历时一年,涉及公园、商场、学校、公共交通、民俗活动场所[①]等 5 类,主要以标识牌为记录单位;步行街、市场、饮食店等 3 类,以店铺为记录单位。调查地点分布见表 1。

表 1 所调查公共场所列表

公共场所类型	数量	具体区域和地点
老城区	4	白云区、海珠区、越秀区、荔湾区
新城区	2	天河区、番禺区
公园	5	白云山森林公园、宝墨园、越秀公园、大夫山森林公园、海珠公园
公交及站点	20	地铁 2 号线、8 号线、广佛线等站点,广州东站、部分巴士和巴士站

---

[*] 本文为广州大学 2015 年国家级大学生创新训练项目"广州市公共场所语言文字使用情况调查"(201511078021)结题报告。

[①] 指与粤方言文化相关的观光及民俗活动场所,以便于粤方言使用情况的讨论。

(续表)

商场	7	乐峰广场、万国广场、天河岗顶电脑城、天河万宁汇、家乐福康王路店、广百新一城、万达广场番禺店
市场	10	沙园市场、赤岗市场、广氮市场、堑口市场、沙墟市场、黄沙水产市场、昌岗成衣批发市场、中大布匹市场、万松园市场、长洲岛市场
学校	2	广州大学、中山大学
步行街	8	荔枝湾风景区、天河商圈、江南西路、状元坊、上下九路、北京路、宝汉直街、东圃社区附近商圈
饮食店	8	宝华路、长寿路、宝业路、芳村、黄沙、半塘、沙面、长洲岛
民俗活动场所	10	广府庙会、海珠花市、羊城国际粤剧节相关活动场所、岭南印象园、陈家祠、海幢寺、六榕寺、南粤苑、乐峰美食节、岭南书香节
合计		76

总的来看,广州市公共场所语言文字的使用情况较好,与其城市定位和功能相匹配,并能够较好地执行《中华人民共和国国家通用语言文字法》(以下简称"《通用语言文字法》")以及《广东省国家通用语言文字规定》中关于"公共场所和设施用字应当符合国家通用语言文字的规范和标准"的规定,规范化程度较高。同时,也有一些老问题与新情况,大体归结为以下3个方面:

一是国家通用语言文字使用方面,涉及错字、别字、繁体字、繁简混用、二简字、拼音拼写问题、异体字、语码混合、争议字;

二是粤方言使用方面,包括粤方言字、粤方言表达和粤方言拼音;

三是外语使用方面,主要是英语。

具体数据见表2。

表2 公共场所语言使用情况调查结果(个/处)

地点	通用语言文字	粤方言用字	英语使用	合计
公园	10	5	15	30
公交及站点	6	7	2	15
商场	7	4	12	23
市场	134	47	9	190
学校	4	2	1	7
步行街	52	22	2	76
饮食店	66	68	9	143
民俗活动场所	17	65	28	110
合计	296	220	78	594

二　国家通用语言文字

（一）使用不规范的总体情况

我们以《通用规范汉字表》《汉语拼音方案》《中国地名汉语拼音字母拼写规则（汉语地名部分）》《汉语拼音正词法基本规则》(2012)等为规范标准，将通用语言文字使用不规范分为错字、别字、繁体字、繁简混用、二简字、异体字、争议字、语码混合和拼音拼写问题等9种情况，具体调查统计结果详见表3。

表3　各公共场所通用语言文字使用不规范情况(个/处)

场所	错字	别字	繁简混用	拼音拼写	二简字	异体字	争议字	语码混合	繁体字	合计	占比(%)
市场	31	49	16	13	7	1	1	2	5	125	44.0
饮食店	5	10	12	1	12	3	10	2	9	64	22.5
步行街	5	17	7	1	2	1	1	3	15	52	18.3
民俗活动场所	3	0	1	6	0	1	0	0	6	17	6.0
公园	1	0	2	6	1	0	0	0	0	10	3.5
商场	0	1	1	2	0	0	0	2	0	6	2.1
公交及站点	0	0	0	6	0	0	0	0	0	6	2.1
学校	1	2	0	0	0	0	0	1	0	4	1.4
合计	46	79	39	35	22	6	12	10	35	284	—
占比(%)	16.2	27.8	13.7	12.3	7.7	2.1	4.2	3.5	12.3	—	—

从以上占比排序不难发现，市场是语言文字使用不规范相对较多的公共场所，由于存在大量的手写字，且经营者文化程度不高，其结果亦在意料之中。同时，我们与2000年出版的《广东地区社会语言文字应用问题调查研究》[①]（以下简称"《调查研究》"）中广州市场部分的调查结果进行对比发现，十余年间语言文字使用不规范情况并无本质性改变。总体来说，异体字减少，但别字、繁体字和二简字仍屡见不鲜。别字，如"鱿鱼"（尤鱼）、"鲫鱼"（则鱼）；繁体字，如"鱼"（魚）；二简字，如"鸡蛋"（鸡旦），等等。饮食店是仅次于市场的语言文字使用不规范较多的场所，饮食店内的语言文字大多经过电脑处理，并且餐牌、指示牌制作成本

[①] 詹伯慧主编《广东地区社会语言文字应用问题调查研究》，暨南大学出版社2000年版。

较高,故而语言使用的随意性相对减少,繁体字和二简字最多。

我们还选取了6个具有典型性的公共场所进行抽样调查,其中宝汉直街属于历时性调查,主要用来与《调查研究》中的调查结果进行对比。详见表4。

表4 公共场所语言使用不规范率

地点	调查数(个/间)	语言使用不规范数(个/间)	占比(%)
万松园市场	86	32	37.2
宝墨园	36	10	28.8
宝华路饮食店	24	6	25.0
越秀公园	28	5	17.9
上下九步行街	152	9	5.9
宝汉直街	148	1	0.7

调查结果表明,广州作为国家中心城市,公共场所语言文字的使用总体向好,但仍有待改善与提升。其中问题最多的是市场和公园。前者不规范率达到37.2%,也就是说,平均3个摊位就有一个会出现错别字、繁体字或二简字等,市民耳濡目染,积非成是,不利于城乡语言规范化及城市文明建设;后者主要集中在英语翻译上,将在下文讨论。

根据《调查研究》的数据,宝汉直街2000年繁体字使用率高达90%,而目前该街的语用情况发生了巨大变化。近年来,宝汉直街成为外国人在广州的主要聚居区域,语言文字不规范情况大为减少,代之以俯拾皆是的多语现象,该街148家商铺中,涉及双语的有26家、三语的(中、英和阿拉伯)有13家,约占总数的26.4%。

(二)不规范现象例析

1. 错字

"错字"通常是指"写得不正确的字或刻错、排错的字"。调查中共发现错字46例,在不规范语言文字使用中占比并不算高,且大多为手写字。试举如下:

(1)商(半塘路—古董店)

(2)蚘(堑口市场)

以上两字均为手写。商字少了两点;蚘是自造字,摊主将之等同于"鳝"。

2. 别字

"别字"通常是指"写错或读错的字"。有些字与字之间读音相似、形体相近,使用者容易以它字代替正确的字。就字形而言,别字不同于错字,本次调查中发

现别字 79 例,是公共场所语言文字使用不规范的最常见类型。列举如下(括号里为正字,下同):

(3)阿根庭(阿根廷)红虾(家乐福)

(4)象拔(拨)蚌、桂(鳜)鱼(黄沙水产市场)

(5)九(韭)菜花(堑口市场)

(6)泥猛(鯭)(赤岗市场)

(7)猪争(踭)(沙园市场)

(8)尤鱼(鱿鱼)(黄沙水产市场)

(9)羔蟹(膏蟹)(黄沙水产市场)

(10)罗(萝)白(卜)(广氮市场)

图 1　错字调查图片　　图 2　"九菜花"调查图片　　图 3　"尤鱼"调查图片

以上各例虽然都是别字,但成因各异。(3)(4)两例中"庭、拔"都与原字字形相似。例(5)可能是受二简字的影响,二简字中"韭"被写成"艽"。例(6)中的"泥鯭"是广州市场一种很常见的鱼,本次调查的各个市场中仅有一家店铺书写正确,"鯭"笔画比较复杂,商家就"从俗从简"了,例(7)中"踭"写成"争"也是这个原因。例(8)和(9)中"鱿"和"膏"整个黄沙水产市场几乎是百分百写成别字"尤""羔",就连市场旁边不少饮食店的菜牌也错写成"尤鱼",值得注意的是在另外的一些市场却有半数左右的使用正确率,从中我们可以观察到错字、别字出现的一个重要原因,就是使用者之间的相互模仿,最后某别字渐渐凝固下来,成为该区域的通行字。例(10)的"罗白"应是受粤方言的影响,"萝卜"和"罗白"在粤方言中同音。

3. 繁体字

繁体字通常是指第一次汉字简化之前存在的字,《通用语言文字法》规定公共场所用字在以下 3 种情况可以使用繁体字:第一,文物古迹;第二,题词和招牌的手写字;第三,经国务院批准的特殊情况。调查中发现上述 3 种情况之外使用的繁体字 35 处,例如:

(11) 曼琪倫（伦）（赤岗路某服装店招牌）

(12) 西關（关）靚（东圃某饮食店招牌）

(13) 九龍（龙）冰室（乐峰广场某茶餐厅招牌）

(14) 現（现）货（中大布匹市场广告）

(15) 尚品碼頭（码头）（尚品码头美食广场招牌）

繁体字主要出现在商铺的招牌中，原因大致有两种：一是店主为了追求所谓的传统、正式和美观而使用繁体字（参见下文问卷调查）；二是一些港澳地区的商家在广州开分店，字体仍沿用港澳地区的繁体字，例(13)就是典型的例子，该餐厅内的菜单、广告用字均为繁体。

4. 繁简混用

繁简混用即将繁体字和简化字混杂在一起使用，以下列举4例：

(16) 魚（鱼）（沙园市场、堑口市场、蓉鱼餐厅）

(17) 滋補（补）炖品（开记甜品三分店）

(18) 餛飩（馄饨）（东圃一面店）

(19) 黃飛（飞）鴻（鸿）手机维修（天河岗顶电脑城）

繁简混用共发现39例，将繁体字和简体字混用说明商家语言文字的使用较为随意，缺乏语言规范的意识。

5. 二简字

"二简字"是指《第二次汉字简化方案（草案）》中所列的简化汉字。这些字已于1986年正式废止，但其影响仍未消失，在一些市场、商铺中仍然可见到，例如：

(20) 鱼旦（蛋）（各市场、饮食店）

(21) 本店招（招）工（堑口市场）

(22) 芽（菜）心（沙园市场）

(23) 付（腐）皮卷（半塘酒家）

(24) 冰𬊈（糖）梨（长洲岛市场）

本次调查共发现二简字22例，主要集中在市场的手写字，如："蛋"在市场和饮食店中被写成"旦"的概率极高；"旦"字的使用率远高于其他的二简字，甚至在小吃店和市场中已被固化下来。

6. 异体字

异体字即字音字义相同而字形不同的一组字，《第一批异体字整理表》于1955年发布，《通用语言文字法》将异体字定位不规范字之列，调查中发现的异体字列举如下：

（25）钜（钷）惠（宝业路淇乐多广告）

（26）草菰（菇）老抽（广州穗粮集团门店门）

（27）洗盌（碗）工（沙面广九餐厅）

（28）榴莲椰嬭（奶）（可园居食和酒）

（29）缽（钵）仔糕（荔枝湾某商铺）

本次调查中仅发现 6 例异体字,虽占语言使用不规范总体情况的比例较低,但也反映了实体店对语言文字规范的认识与理解还不到位。

7. 存在争议的字

调查中还发现了一些常见的但使用上存在一定模糊性的汉字,例如：

（30）家私、家俬、傢俬（长寿东路）

这 3 种写法在广州的街头都很常见,根据《现代汉语词典》(第 7 版),"家私"是家产的意思,与市面上常用的"家具"意义有一定差距；《闽南方言与古汉语同源词典》(1998)中,"家私"可指家具,并指明方言中"家私"也写为"傢俬"。而无论是《通用规范汉字表》还是《第一批异体字整理表》,"傢"和"俬"都不存在,其来历值得进一步考察。

（31）炆、焖

在广州市街头,"炆"和"焖"基本通用。据《现代汉语词典》(第 7 版)的解释,"炆"属于方言词,意思是用文火炖食物；而"焖"的意思则是紧盖锅盖,用微火把食物煮熟。据《集韵》中所言——炆,熅也。换言之,"炆"同古字"熅",即没有火焰的微火,可见两字所表达的意思并不相同。

8. 拼音拼写

我国法律和国际标准规定以汉语拼音作为中国地名罗马字母拼写法的统一规范,地名标识中出现的罗马字母应是汉语拼音,而不是英语。调查发现目前广州市内的公共场所拼音拼写存在以下几种不规范的情况。

第一,哥特体(哥德体)与罗马体混用。汉语拼音字母采用的是拉丁字母,其印刷体主要有三种字体：罗马体、哥特体和意大利体,哥特体和意大利体都是从罗马体派生出来的。现代哥特体与罗马体的主要区别在于：罗马体的 a,哥特体写成 ɑ；罗马体的 g,哥特体写成 ɡ。《通用语言文字法》明确规定："国家通用语言文字以《汉语拼音方案》作为拼写和注音工具,《汉语拼音方案》是中国人名、地名和中文文献罗马字母拼写法的统一规范"。而一些公共场所的汉语拼音使用较为随意,例如在广州地铁的站名标识、越秀公园的路牌中,哥特体和罗马体是混用的:南桂路(Nangui Lu)、夕阳红广场(Xiyanghong square)中"a"为罗马体,"g"为哥特体。

图 4 "西關靓"招牌　　图 5 二简字调查图片　　图 6 拼音调查图片

第二,大小写随意使用。《公共场所双语标识英文译法规范(征求意见稿)》(广东省地方标准,2008)规定:"地铁、公交站名中的地名专名和通名全部采用大写汉语拼音。"但在广州地铁内一般采用的是专名首字母大写、通名首字母大写、其余小写的方式。

第三,专名与通名间隔不当。《汉语拼音正词法基本规则》第 4.2.4 条规定:"专名和通名的附加成分,单音节的与其相关部分连写。"如广州市的拼音应写为"Guangzhou Shi"。但是在广州街头的部分路牌上是按照所标注的汉字来分隔的,如"华夏路"的路牌就被拼写成 Hua xia Road。

第四,拼音与英文通名发生赘余。中国文字改革委员会等四部委《关于改用汉语拼音方案拼写中国人名地名作为罗马字母拼写法的实施说明》中规定:"在各外语中地名的专名部分原则上音译,用汉语拼音字母拼写,通名部分(如省、市、自治区、江、河、湖、海等)采取意译。但在专名是单音节时,其通名部分应视作专名的一部分,先音译,后重复意译。"调查发现,一些并非单音节的地名之间也采取了先音译、后重复意译的方式,如地铁广佛线的"千灯湖"站的拼写是"Qiandenghu Lake","hu"与"Lake"发生赘余。

9. 语码混合

《通用语言文字法》中第十三条规定:"公共服务行业以规范汉字为基本的服务用字。因公共服务需要,招牌、广告、告示、标志牌等使用外国文字并同时使用中文的,应当使用规范汉字。"2015 年施行的《上海公共场所外国文字使用规定》第八条明确规定:"不得在同一广告语句中夹杂使用外国文字,国家另有规定的除外。"而目前广州市尚无相关规定,列举分析如下:

(32)质量最好の小龙虾(宝业路)

(33)喫茶屋(江南西)

(34)台湾士林の潮流美食(乐峰美食节)

(35)我的 e 家便利店(沙墟)

(36)city 好宜鞋业(昌岗成衣批发市场)

调查一共发现 10 例语码混合现象,全为日文和英文,如例(33)中"喫茶"实为日语"喝茶"之意。语言景观设立者多出于以洋名、外文来吸引顾客的营销心理,标新立异地在汉语中夹杂外文。

三 粤方言使用情况

广州是粤方言代表话城市,粤方言拥有一定数量的方言用字。因而,广州街头时常可以发现粤方言字的踪影,按照其出现的情况,我们分为粤方言字、粤方言表达和粤方言拼音等几种,调查统计结果详见表 5。

表 5 公共场所粤方言使用情况(个/处/条)

场所	粤方言字、粤方言表达	粤方言拼音	合计	公共场所调查数量*	合计/场所个数
饮食店	65	3	68	8	8.5
民俗活动场所	64	1	65	8	8.3
市场	47	0	47	8	5.9
步行街	21	1	22	8	2.8
公交及站点	3	4	7	3	2.3
公园	5	0	5	5	1.0
学校	2	0	2	2	1.0
商场	3	1	4	7	0.6
合计	210	10	220	49	

* 此处饮食店的数量按调查的街的条数来计算,而不按饮食店的间数计算。

《通用语言文字法》第十四条规定:在公共场所的设施用字、招牌、广告用字中应当以国家通用语言文字为基本的用语用字。而获批使用方言的情况为:(一)国家机关的工作人员执行公务时确需使用的;(二)经国务院广播电视部门或省级广播电视部门批准的播音用语;(三)戏曲、影视等艺术形式中需要使用的;(四)出版、教学、研究中确需使用的。照此,上表中各种公共场所使用的粤方言字都不在规定范围。调查结果表明,粤方言字在广州公共场所的使用是较为普遍的,其中以饮食店和民俗活动场所为最多。本次实际调查饮食店 105 间,超过半数的饮食店都出现了粤方言字。

(一)粤方言字的使用

调查一共发现使用粤方言字 59 处,列举分析如下:

(37)嚟到(这里)(沙面某餐厅广告)

(38)鸡脾(也有写作"比")(鸡腿)(广氮、沙园市场、陶源风味过桥米线、黄沙市场、驰名烧腊饭、茶餐厅)

(39)猪脷(猪的舌头)(黄沙水产市场、亦岗市场)

(40)最啱你使(最适合你用)(昌岗路一电信公司广告伞)

(41)为咗食,可以去到几尽?(为了吃,可以做到什么程度?)(广州大学)

(42)霸王鸡乸(霸王母鸡)(岭南印象园)

(43)生姜老嘅辣(姜还是老的辣)(广佛线)

以上各例中,除"乸"字外,都未收录于《通用规范汉字表》,但是均可见于广州街头,其中以"脾、脷"二字最为常见,在市场和本地人开设的饮食店中基本取代了通用汉字中与之对应的"腿"和"舌"。除市场和饮食店,粤方言字也会被应用在广告中,如例(40)和例(41)便是商家打出的广告;例(43)来自广州地铁广佛线的车厢壁,是一条粤方言宣传广告。同时,我们还注意到,由于地方上并没有系统教授过方言字,在使用过程中,写错或以同音别字代替的现象时有出现,如上例中的鸡脾就经常被写作"鸡比"。而粤方言使用者往往拥有较强的粤文化认同感,平日在微信、论坛等也有喜欢使用粤方言来外显个人身份的习惯,这就出现了学习与使用之间脱节的问题。

(二)粤方言表达

所谓粤方言表达,指表达中使用粤方言的一些特有的词语和句子的现象。这些表达中不一定包含粤方言字,但可能会让不懂粤方言的人不解其意。调查中一共发现粤方言表达 151 处,列举分析如下:

(44)人懒我唔懒(别人懒,我不懒)(2016年广州多个街头可见的一系列公益宣传画,均以粤方言童谣为主题)

(45)掂过碌蔗、西九利、猴巴闭、广州猴好野、猴德米、猴赛雷（滨江花市）

(46)恃住好胆，一昧（味）靠滚、鬼马、食啲乜好、正野（岭南印象园）

(47)笋盘笋租（合富置业中介广告）

(48)大件挟抵食（大岗仙庙烧鸡）

(49)行过来睇下有着数（岭南书香节广告）

与粤方言用字一样，粤方言表达也较多见于市场和饮食店。另外作为粤方言文化的宣传手段，在由政府管理的地铁、街道等公共场所，也可以见到粤方言表达形式；一些民俗活动场所为了营造粤文化氛围，也可以看到不少粤方言特殊景观。

（三）粤方言拼音

粤方言的读音和普通话差别很大，为了以示区别，表现粤方言文化特色，有些公共场所在使用粤方言时，会特意在文字的上方或右方标上粤方言拼音；一些地点应市民的要求，也没有采用汉语拼音拼写该地读音，而使用了粤方言拼音。调查发现使用粤方言拼音10处，列举如下：

(50)HOU 多肉（好多肉）（滨江花市）

(51)爱群大厦巴士站(Oi Kwan Hotel)、海幢寺巴士站(Hoi Tong Monastery)

(52)孖记茶档(MA KEE CHA DON)（乐峰广场）

(53)生姜老嘅辣（seng1gêng1lou5gé3lad6）（地铁广佛线）

(54)悭（hān 省）油我至叻（le 强）（传祺汽车广告）

以上5例中，例(50)(51)(52)使用香港语言学学会的粤方言拼音方案。例(53)使用的是饶秉才的广州话拼音方案[①]。例(51)的两个巴士站牌中使用粤方言拼写的结果是相关部门在市民的多次请求下实施的，其他地方的巴士站，用的是规范的汉语拼音。目前国家和地方没有粤方言拼音使用的相关规定，因而造成使用上有较大随意性，任意使用大小写和不同方案，如例(54)中，将"悭"标音为"hān"是广告商试图用汉语拼音拼写粤方言，读音相近，粤拼形式不同。

---

① 香港语言学学会1993年设计和公布了《香港语言学学会粤语拼音方案》，简称"粤拼"，这是一套易学、易用的罗马化拼音方案，没有特殊符号，方便电脑输入。"广州话拼音方案"原是广东省教育部门于1960年公布的广东方言拼音方案的一种，用于拼写广州话（标准粤方言）；20世纪80年代，饶秉才在此方案的基础上进行了大幅度修改。

四 英语使用情况

(一) 基本情况

英语使用不规范包括英语拼写错误和翻译不地道两个部分,本节主要参照《英汉大词典》(第2版),以及《公共场所双语标识英文译法规范(征求意见稿)》(广东省地方标准,2008)(以下简称"《译法规范》")、《公共场所双语标识英文译法通则》(DB11/T 334.0—2006)。调查统计结果见表6。

表6 公共场所英语使用不规范情况(个/处)

情况 场所	英语拼写错误	英语翻译不地道	合计	占比(%)
民俗活动场所	0	28	28	35.9
公园	5	10	15	19.2
商场	1	11	12	15.3
市场	3	6	9	11.5
饮食店	0	9	9	11.5
公交及站点	1	1	2	2.6
步行街	2	0	2	2.6
学校	1	0	1	1.3
合计	13	65	78	

民俗活动场所、公园和商场最常见的问题是英语使用不规范,一些地方的指示牌英文标示都是由机器翻译的,虽然多数外国人可以猜测其意,但与广州国际大都市的形象不太相称,语言服务亟待提升与完善。

(二) 英语拼写错误

英语拼写错误总共发现13例,列举分析如下:

(55) 紫竹居 Purple Bamboo Hause(House)(宝墨园)

(56) 牛先生 Mr.catte(cattle)(东圃社会某饭店)

(57) 数字产品 digita(digital) products(百脑汇)

(58) 海上丝绸之路 The Mritime Slk(Silk) Road(南粤苑)

(59) 文明游园 Behawe(Behave) Civilized(越秀公园)

图 7　英语拼写错误

虽然调查中发现的英语拼写错误并不多,但是作为广州市的 AAAA 级风景区的宝墨园、南粤苑以及越秀公园,还是应该完全避免出现上述错误。

(三) 英语翻译不地道

英语翻译不地道是指翻译的文本不符合语法、不符合实际含义或者与通行的译法相悖等,例如:

(60) 浩客茶餐厅(Holk Tea Restaurant)

(61) 禁止上塔(NO ENTRY POGODA)(六榕寺)

(62) 长途列车售票处(long distance train ticket)(广州东站)

(63) 广府庙会动漫区(Guangfu temple animation area)

(64) 经典菜远(软)炒鸡胗(The classic dish of fried chicken gizzards far)(沙面侨美食家)

在例(60)中"浩客"是专名,茶餐厅是一种源于香港的快餐饮食店,因此翻译时应将茶餐厅作为一个整体来翻译,可采用香港本土的翻译 Tea Time 或者 Cafe。例(61)中"ENTRY"是名词,后接"POGODA"不合适,根据《译法规范》第 132 条,应翻译为 NO ENTRY。例(62)可翻译为:long-distance train ticket office 或 long-distance train tickets。例(63)建议将"庙会"翻译为 Temple Fair。例(64)比较特殊,商家首先将"菜软"写成了"菜远"(两字粤方言读音相同),然后直接进行机器翻译,将"远"翻译成了"far",于是出现了上述古怪的英语翻译。

调查发现英语翻译不地道 65 例,主要集中在地名和餐厅菜牌上,当前广州市的双语标牌没有形成统一规范是一个重要原因,警示牌、提示牌中的汉语用语使用较为随意,导致英语翻译也五花八门。此外,有部分景点存在"一名多译"的情况,例如"陈家祠"在地铁口的翻译是 Chen Clan Academy,马路路牌翻译则是 Chen's Lineage Hall。

五 问题与建议

以往的城市公共场所语言调查并无涉及语言使用者意图的调查,因而对语言使用情况的分析大多只停留在调查者的主观推测。鉴于此,我们对25家店铺的店主或店员进行了口头问卷调查,并对两家标识和招牌制作的广告公司进行了咨询。

在问及商铺老板为何使用粤方言时,他们的回答可以归结为以下5种:第一,满足街坊需求,店主主观推测附近的食客喜欢看到粤方言;第二,新鲜感,要与众不同;第三,好听,认为用了粤方言听上去顺耳;第四,本来那个食物就是这么叫的;第五,标牌制作商决定的。

在被问及为什么会使用繁体字,得到的回答有:第一,美观;第二,有些老年人看不懂简体;第三,平时就是习惯这样写的。在被问到为什么会使用二简字或异体字时,"认为其他地方都是这么用的",可见从众心理起了很大作用;同时,分不清二简字和规范汉字也是一个主要原因。

关于英语翻译问题,我们在咨询有关店主和制作公司后发现,一般英语翻译有两种途径:一是店主提供翻译文本交由公司制作,二是制作公司代为翻译并制作。考虑到成本等因素,很多店主选择自行翻译,或者交给制作商直接用工具翻译,这样,错误率就增加了。

综合各方面的调查结果,我们认为:

第一,相关职能部门应加大对公共场所语言文字使用的监管力度,制定相应的语言文字规范、标准,特别是要适应广州国际化大都市及方言代表话城市的建设特点。

第二,应进一步明确公共场所语言文字适用的法律法规,依法管理。应不应该保留和使用繁体字和方言字?在什么情况可以使用方言字?应结合广州的区域特点与实际,在《通用语言文字法》《通用规范汉字表》的框架内做出安排。

第三,充分考虑不同公共场所语言文字使用策略的差异性,进行差别化管理。公园、商场及公交站点等应推广外语翻译标准;考虑到市场店主手写商品名称特点,可印发名称规范手册之类,方便查阅和使用;对于饮食店、步行街商铺,在加强店铺、店主引导的同时,应加强广告制作公司的监管,明确广告制作的用字规范。

(汪 磊、方玮玲、黄舒欣、彭子彦、杨静敏、王绮琪)

传统核心城区街巷命名及其理据[*]

广州是一座有2200多年历史的国家历史文化名城。秦汉以来,广州城曾是省、府(州、郡、市)、县多级行政建制的治所,又曾先后作为南越国、南汉国的都城,一直是全国重要的都会。2000多年来,广州以今中山五路、北京路一带为城市中心的格局基本没有改变,城市文脉传承有绪。

城市街巷的名称往往反映一个城市的历史文化风貌。本文将广州传统核心城区划定为现越秀区、现荔湾区的珠江东岸北岸区域、现海珠区的北部沿江西段区域,即原越秀、荔湾、东山三区和海珠的部分地区,调查上述区域现有街巷名称的基本情况,梳理广州传统核心城区的地名文化资源。

一 街巷的通名

广州传统核心城区街巷的通名主要有:街(大街、直街)、路(马路)、道(大道)、里、巷、坊、通津、约、基等。

(一) 街

1. 街

"街"是明清两代广州城区街巷尤其是主干道的主要通名,如城中心东西干道惠爱街(今中山四、五、六路)和南北干道承宣直街、雄镇直街(又称双门底大街,即今北京路),通往大北门、小北门的干道大北直街(今解放北路南段)、小北直街(今小北路)等。清道光《广东通志》有《广东省城图(附)》,其注记内城大小街巷名称以"街"为通名者共54处,未见以"路"为通名的街巷。现有的"街"一般不属城市干道,如粤华街、仙湖街、学宫街等。

---

[*] 本文为广州市属高校科研项目"历代广府方志文献所见粤方言语料辑证"(1201620449)、广州市教育系统创新学术团队"语言生态与服务研究"(1201620012)、广州大学"广州语言生态多样性研究学术团队"(201601XSTD)阶段性成果。

2. 大街

"大街"表示相对较宽阔的街道,明清时期和近现代均多用以命名,如:湛家大街、忠佑大街、沙面大街、青竹大街等。

3. 直街

"直街"在清末以前形成的历史街区中颇常见,如:宝玉直街、太保直街、驷马直街等,特别标注街巷的"直",应与广州城区一般街道多曲折不直有关。

(二)路

1. 路

"路"是20世纪初以来广州城市干道的主要通名。20世纪二三十年代,广州开展了大规模的城市建设,拆城墙、建马路,凡改建、扩建、新建的城市干道,多以"路"为通名。或原路扩建,如:朝天街→朝天路、光孝街→光孝路、纸行街→纸行路、仓边街→仓边路、府学东街→文德路、司后街→越华路;或合并拓展,如:华贵街、观澜街→华贵路,长寿直街、德星里→德星路,官塘街、窦富巷、仙羊街、西濠街、板箱巷、油栏通津→海珠北、中、南路,大北直街、四牌楼、小市街→中华北、中、南路(今解放北、中、南路);或新建街道,如:盘福路、大德路、文明路。以"路"为新街道主要通名的习惯其后一直延续,如2011年广东省地图院编制出版的《新编广州街巷大全地图册》所示,广州新旧城区主要干道均绝大部分以"路"或"大道"命名,"街"主要见于非干道的街巷。

2. 马路

"马路"之称也始于20世纪初,分布在清末以后新拓展的街区,如珠江北岸沿江一带和东山地区,也见于西北郊地区。沿江一带的长堤大马路、新堤二马路、广九大马路、东铁桥二马路等,属于20世纪初以来新填岸筑堤所建的马路;东山地区的龟岗大马路、合群一马路、启明大马路等,均为20世纪初陆续在岗丘郊野新拓展的街区。20世纪50年代以后,尚有部分新建街道称"马路",如大沙头二马路、东川二马路、寺右新马路、东平大马路等,是受邻近以"马路"为名街道影响的命名习惯延续。

(三)道

1. 道

"道"作为通名并不常用。旧时多见于称祠庙等建筑前的道路,如:郑仙祠

道、应元宫道、李家祠道、陈家祠道、华光庙道等。又或称"古道",如南田古道、田料古道等,则是村落的出入通道。清末民国时期,新建以"道"命名的道路,如:通宁道、广华道、安乐道、鸿裕道、基立道、基立下道等,多由华侨出资兴建。其中基立道是华侨基督教徒所建基立村的街道,广华道由广华置业公司所建。以"道"命名的方式多见于香港地区。

2. 大道

"大道"特指较一般街道宽阔的马路,早期有东皋大道,后有黄沙大道。20世纪50年代后新建、拓建的工业大道、江南大道、广州大道、中山大道等,均为路面宽阔、长度很长的城市重要干道。

(四) 里、巷、坊

"里""巷""坊"通常都指民居聚落的内街小路,使用由来已久,其中"里""巷"最常见。有的里、巷属于有一定规模的街道,与普通的街无明显区别,如旧有鸣凤巷后因火灾改名敦和里(今敦化里),又如原长兴街后名长兴里。但明清时期城市干道只称"街",不称"里""巷"。另外,"里"与"坊"均独立命名,不形成序列;"巷"则常又指与主要街道相对的系列内巷,如盐运西正街衍生出盐运西一巷、二巷、三巷等。

(五) 通津、约、基等

1. 通津

"通津"属于富有广州特色的街巷通名,是通往河涌水边的道路,如:马王通津、太平通津、同庆通津、寺贝通津、前鉴通津、云海通津、荷溪通津等。

2. 约

"约"本是岭南地区常见的乡村聚落名称,也用作由聚落演变而成的街巷名。"约"通常成序列,其前冠以南、北、东、西或首、二、三等,如:越秀北约、太平东约、龙溪首约、长庚三约。

3. 基

"基"本指岭南低洼地带所建的基围堤坝,移用为沿基围所建的街巷名,如:牛乳基、冼基、陈基、水松基、带河基(后改名带河路,今康王中路)、沙基(今六二三路)等。

"通津""约""基"等因原本不是专门的街巷通名,所以有时会在这些名称之后又另加通名,如:筑南通津大街、寺右村北约大街、新基路、黎家基街等。

(六)甫、津、水脚

广州城区的街巷名,还有一组较为特别的名称"甫""津""水脚",明代从广州西城外护城河西濠西侧由北往南至大观河两岸,沿岸分别有第一甫到十八甫,其中第一甫又称第一津,一般认为是濠涌沿岸的18个埗头,各埗头临水处,又称水脚。"甫""津""水脚"皆曾用为街巷名,第一津、第二甫至20世纪80年代末尚存,现已并作第一津街,现存街巷名尚有三甫横、四甫水脚、六甫水脚、八甫水脚等,另有第十甫路、十八甫路及上九路、下九路等留存旧迹。

(七)其他通名及无通名街巷名

1. 沿用聚落、片区通名

在聚落、片区、旷地基础上形成的街巷,或直接沿用原有通名。如园:六合园、大华园、铿园、乐园;寮:豆腐寮;台:妙高台、金陵台、水月台、执信台;沙:永胜上沙、太平沙;地:金地(后改名敬业苑)、朱地(后改名珠玑里)、许地、绞缆地、法场地、西来初地(又称西来初,达摩僧西来登岸处);营:桂子营、小东营;居:白沙居、有竹居;书院:仲季书院、儒良书院、肆江书院;栏:糙米栏、东船栏、西猪栏;菜地:金雁里菜地、永安围菜地。

2. 无通名

广州传统核心城区还有相当部分街巷没有通名。这些街巷多以其附近建筑、地貌或其他特征为名。如:大马站、小马站、稻谷仓、大有仓、拐脚楼、石将军(石将军祠)、东关汛、太平桥、石桥头、泮塘石路头、木排头、水母湾、玉带濠、蟠螺岗、后便城基、北城根、雅荷塘、金鱼塘、莲花井、流水井、七块石、七株榕、十善间、十九洞、十八洞等。另一些街巷则在建筑、地貌等名后再加东、西、南、北、直、横等词。如:继园东、松岗西、宝华南、雅荷北、迎祥直、南雪横、宝华正中横(即宝华正中约的横街)等。

其中,加"前"命名的无通名街巷,通常是寺庙、官署等建筑前面的道路。如:舍仁庙前、华光庙前、华林寺前、司马庙前、斗姥前(斗姥宫)、臬司前(臬司即按察使司别称)、三府前(三府衙门)、操场前。此类街巷名还可能后加直、横等词限定。如:荷溪庙前直、华光庙前横。这类命名,很可能与其位置所处原本是寺庙等建筑前较开阔的广场或旷地,后来才逐渐形成街道有关。

二 街巷专名的命名理据

广州传统核心城区街巷的专名,主要有以下几类命名方式:以街巷所在的代表性建筑、机构命名,以街巷近旁地形地貌地名、景观命名,以街巷的主要商业功能命名,以建设者、聚居者名号、郡望、籍贯命名,以社会美好意愿命名,以历史人物、历史事件或传说命名。这些街巷的名称,一定程度上反映了广州政治文化、社会变迁、宗教信仰、地方风貌和民众的思想观念。

(一)以街巷所在的代表性建筑、机构命名

1. 府署、兵营及其相关机构、建筑

(1)府署

都府巷(都督府、都元帅府俗称都府)、三府前(三府衙门)、三府新街(1925[①],原三府衙门)、将军东(西)路(1932,原清代广州将军府)、署前路(1916,警察署)、府前路(20世纪30年代,广州市政府)、旧部前(后)街(旧两广总督署部堂)、旧南海县街(南海县废署)、禺东(西)一路(20世纪30年代,拆番禺县署建路)、府学西街(广州府学宫)、学宫街(南海学宫)、龙虎墙(广东贡院龙虎榜张贴处)、怀远驿(明代市舶司设立驿馆怀远驿,以招待海外诸番朝贡使)、盐运西正街(盐运司)、盐亭西街(盐亭)、接官亭、关口街(清末报关关口)、法场地(刑场故地)、西公廨(广州府署之西)。

(2)兵营

桂子营(原名回子营,明代回族军队营房所在)、八旗二马路(八旗水师营)、箭道巷(八旗箭道)、营房巷(八旗军营)、马厂巷(八旗马厩)、较场东(西)路(东较场)、北较场路(北较场)、水师后街(八旗水师操场)、水汛巷(东关水汛)。

(3)仓房

仓边路(宋代盐仓)、旧仓巷(宋代盐仓)、仓前直街(广州府粮仓)、仓前街(八旗谷仓)、容丰新街(1918,原清代容丰仓旧址)、炮房街(清代礼炮炮房)。

[①] 表示街巷修建时间。

(4)厂局

钱路头直街(广东钱局)、造币左路(造币厂)、厂后街(造币厂)、厘局街(宝广钱局,钱局又称厘局)、铁局巷(铸铁局)、局前街(清代火药局)、铁炉巷(八旗铁局)。

广州历史上曾是两广总督、广东巡抚、布按两司、广州知府、南海和番禺知县驻地,辛亥革命后又是省、市府治所在,从现存街巷名中,仍可窥见当时官署及其他官方机构的建置情况。

2. 宗教、祭祀场所

(1)佛教

长寿大街(长寿寺)、洪寿大街(洪寿寺)、净慧路(净慧寺,今六榕寺)、六榕路(六榕寺,1937,原称花塔街)、光孝路(光孝寺)、龙藏街(龙藏寺,今大佛寺)、大悲寺巷、寺贝通津/寺右大街(东山庙,又称太监寺)、东山大街(东山庙)、庙前直街(东山庙)、黄华路(黄华寺)、华林寺前、庙前横(观音庙)。

(2)道教及民间信仰

三圣宫街、水月宫前街、华光庙道、四圣街(四圣庙)、太保直街(太保庙)、洞神坊(洞神庙)、桂香街(桂香宫,即文昌庙)、应元路(应元宫)、郑仙祠道、都土地巷(都土地庙)、关帝庙巷、药王直街(药王庙)、司马坊(司马庙)、马王庙巷、仙邻巷(五仙观)、惠福东(西)路/惠福巷(惠福夫人祠,即金花庙)、五显巷(五显庙)、武帝巷(武帝庙)、龙王直街(龙王庙)、祖庙前街(吕祖庙)、金花直街(金花庙)、金花庙后街、潮音直街(潮音庵)、忠佑大街(1920,城隍庙忠佑神)、北帝左巷(北帝庙)、关帝右巷(关帝庙)、珠江路(珠江殿)、文昌南(北)路(文昌庙)、斗姥前(斗姥宫)、康王直街(康公庙,原名康公直街,今有康王路)、都堂街(都堂祠)、荷溪庙前直、秉政街(秉正庙)、飞来对面巷(飞来庙)、医灵直街(医灵庙)。

(3)其他宗教

光塔路(怀圣寺光塔)、仁济路(1921,仁济堂)、光东前街(基督教光东堂)、原道路(20世纪40年代,原道圣经学院)、学院巷(20世纪20年代,圣经学院)。

(4)其他

社稷巷(社稷坛)、陶街(陶成陶鲁父子功勋祠)、忠襄里(忠襄祠)、相公巷(吴相公祠)、晏公街(晏公庙)、石公祠直街。

图 1 晏公街路牌

广州地处古百越地区，素有多神崇拜之风，佛教、道教、伊斯兰教等东西宗教较早传入，近代以来，天主教、基督教等又得以传播，故祭祀、宗教等祠庙寺观散布于城乡各地，这些堂馆今虽多已不存，但其痕迹仍存于街巷名中。

3. 文教、慈善机构

（1）教育

文澜巷（文澜书院）、法政路（1929，法政学堂）、广中路（1932，广府中学）、越华路（1920，越华书院）、一德路（1920，一德学社）、教育路（1932，广州教育会）、越秀书院街、培正路（1907，培正中学）、执信南路（执信中学）、美华东路（美华书局）、三育路（三育中学）、协和路（协和女子师范学校）、孔行东（西）街（孔行书院）。

（2）娱乐

同乐路（20世纪30年代，广州警察同乐会）、广舞台二、三马路（清末，东园游乐场大舞台）。

（3）慈善

爱育西街（清末爱育善堂）、广济新街（1954，广济善堂）、恤孤院路（20世纪20年代，恤孤院路）、百子东一巷（清代育婴堂百子桥）、广济街（广济医院产业）。

4. 公共机构

电报前（20世纪20年代，电报局）、电力前街（20世纪30年代，电灯局）、广九大马路（1918，广九火车站）、站南路/站前路（1974/1975，广州火车站）。

5. 其他建筑、场所

长兴里（长兴楼）、孝友东（西）街（张孝友堂）、晚红新街（1938，晚红园）、馥园巷、迎宾路（20世纪30年代，迎宾馆）、侨光路（1968，华侨大厦/华厦大酒店）、魁巷（魁星楼）、寄园巷（寄园）、东园路（20世纪20年代末，东园遗址）、挹翠路（挹翠楼）、晚景里（明代晚景园）。

后楼房上/下街（尚可喜王府后苑）、马庄一（二、三）巷（明代尚书湛若水养马房）、大马房（无着庵旁马房）、农林上/下路（1930，广东农林试验场）。

（二）以街巷近旁地形地貌地名、景观命名

1. 湖泊、池塘

西湖路（南汉刘䶮南宫旁西湖）、兰湖里（古代兰湖）、仙湖街（南汉南宫仙湖）、大塘街、长塘街、金鱼塘（明代文溪故道所存鱼塘）、小北塘边巷、鞑子大街（鞑子鱼塘旧地）。

2. 江堤、渡口、滩沙

坡山巷（晋代坡山古渡遗址）、西堤二马路、南堤二马路、长堤大马路（1920筑新堤，1932前为珠江北岸）、新填地直街、南关海傍街、东堤二（三、四、五）马路、横水渡巷（珠江岸边渡口）、木排头、水母湾、太平沙、白沙巷、沙洲巷、增沙街、大沙头路、东沙角路（东濠涌附近沙滩地）、沙面大街。

3. 濠涌、埗头、基围、桥梁

玉带濠、清水濠、南濠街、濠畔街、西濠二马路（西濠口）、河傍路（西濠涌旁）、湛塘路（湛塘涌填筑）、新河浦路（新河浦涌）、越秀南涌边街/东沙角涌边街（东濠涌）、蓬庆涌边、连庆涌边、丽水坊（原是河涌）、白云路（1912，其旁曾为源于白云山的水道）、上九路/下九路（原名上九甫路、下九甫路）、第十甫路、十三甫路、十八甫路、三甫水脚、四甫水脚、六甫水脚、十四甫水脚、大埗头、龙珠水步、箩基街、牛乳基、沙基西后街、曹基东、大塘基、永安围一（二、三）巷、新基路、回龙路（1932，回龙桥）、万安里（清代，万安桥）、驷马直街（驷马桥）、镇龙坊（镇龙桥）、回栏新街（20世纪30年代，回栏桥）、梯云东路（梯云桥）、龙津东（中、西）路（龙津桥）、彩虹东街（彩虹桥）、东铁桥二（三、四）马路（1918—1922，东濠涌口东铁桥）。

从以上街巷名称仍可窥见历史上广州城内外河网纵横的总体风貌。

4. 岗丘

烟墩路（1907，烟墩岗）、龟岗大马路（1915）、牛头巷（20世纪40年代，牛头岗）。

5. 城垣

镇海路（镇海楼）、大南路（1920，大南门）、小北路（1927，小北门）、朝天路

（宋代朝阳门）、靖海路（清代靖海门，明代镇海门）、素波巷（宋代素波门）、五仙里（五仙门，明代称五羊门）、油栏通衢（油栏门）、文明路（1922，文明门，原南城墙）、连城里（与城墙相连）、永安西（东）街（明代永安门、清代小东门，有永安桥跨东濠）。

6. 其他

越秀北（中、南）路（1919，越秀山，越秀中路原有越秀坊）、海珠北（中、南）路（1932，海珠石）、九曜坊（九曜石）、迎珠街（海珠石）、棋杆巷、星泉里（星泉井）、山水井前（后）街、三眼井上街、双井巷、福泉街（内有吊碑古井）、井边巷、甜水巷、福榕坊、小茶巷（原植茶树，原还有大茶巷为今迎宾路）、槐花前（华光庙旁，多植槐树）、有竹居（竹林旁）、三株树南、蕉园大街、九曲巷（巷中多弯）、水斗巷（常受水淹，如贮水之斗）、担杆巷、杏花巷、枣子巷、莲花巷、花香巷、花樽巷、花阶砖巷、石基里（以拆城墙墙砖铺设）、石路基（石板铺就路基）。

（三）以街巷主要商业功能命名

1. 专业集市

米市路（卖米集市）、纸行路（明代，造纸作坊）、榨粉街、雨帽街（雨帽集市）、捶帽巷（毡帽作坊）、玛瑙街（唐代，玛瑙集市）、书坊街（清代，书院书店）、绒线街（明代，产销绒线）、梳篦街（明代）、象牙街（明代）、麻行街（曾为麻织品集市）、竹篙巷、扁担巷、新金巷（金银首饰作坊）、卖麻街（宋代，织网麻皮集市）、玉子巷（清代，象牙玉雕玉器商店）、海味街（海味集市）、果菜直街、瓦窑街、牛皮一巷（牛皮制革工场）、箩基街（编织竹箩业者）、豆干巷（豆腐干制作坊）、鱼翅巷、绞缆地（清代，绞制绳缆为业）、豆腐亩、猪仔墟、柴巷、装帽街（20世纪20年代）、故衣街（20世纪20年代，售卖旧衣）。

糙米栏、蚬栏街、牛栏巷、麦栏街、桨栏路、杉木栏路、鸡栏街、菜栏横街、西猪栏路、塘鱼栏大街。

历史上，广州长期作为国家重要的商贸中心和对外通商口岸，形成了大批商业街区、专业集市，自然也反映在街巷名称上。其中"栏"在粤方言中指专门经营某类商品的商铺，"贩者从栏中买取，乃以鬻诸城内外"（屈大均《广东新语》）。能反映广州对外贸易口岸独特地位的，莫过于十三行路等街巷。十三行是清代半官半商性质的经营对外贸易的专业机构，以十三行为中心的对外贸易街区，极大促进了广州城西西关地区的发展,影响深远。

2. 商业机构

瑞兴新街(瑞兴店)、怡和街(清代,怡和商行)、宝顺大街(清代,宝顺洋行)、同文路(同文行)、先施二巷(20世纪30年代,先施公司)、广德路(1933,广德置业公司)、瑞南路(1933,台山华侨伍瑞南)、昌兴街(蔡昌、蔡兴兄弟)、道华新街(道华华侨公司)、胜龙新街(华侨合建,取建设者名各一字)、侨星新街(1911,华侨民星公司)、侨商街(侨资兴建)、广华道(广华置业公司)、南华园(南华银行所属)、荣业巷(1921,荣业公司)、合群中路(20世纪20年代,合群置业公司)、六和新街(20世纪30年代,六和公司旁)。

清末民国时期,不少侨商、侨资在广州置业发展,当时情况,也在街巷名中有所反映。

(四) 以建设者、聚居者名号、郡望、籍贯命名

1. 姓氏

湛家大街(原湛若水别墅)、周家巷、史巷(史家大屋)、彭家巷、金氏巷、杨姓巷、陶家巷、宋家巷、陆家巷、钟家巷、李家巷、陈家巷、曾家巷(曾氏宗圣公祠)、王家园上下街、李家园、欧家园、梁家里、黎家基街、冼基、曹基直街、颜家巷(颜氏别墅)、冼家巷、甘和里(甘姓聚居)。

2. 郡望或籍贯

高阳里(许氏聚居,郡望高阳)、广利大街(三水广利人聚居)、和平桥(和平县籍人所建,有和平会馆)、老隆外街(龙川县老隆镇人聚居)。

3. 堂号

乐安坊(20世纪20年代,孙氏乐安堂所建)、宜安里(清代,许氏宜安堂)、敦善里(清代,杜姓敦善堂)。

4. 人名

悦和新街(新会富商陆悦和所建)、盛枝大街(辛亥革命后,富绅李盛枝所建)、石亭巷(清代,岑石亭所建)。

这些街巷名称,多反映了同宗同里移民聚居的历史,珠三角地区的自然村落,亦多同姓聚族居住而形成。

(五) 以社会美好意愿命名

1. 传统吉祥文化

泰来路、百灵路、豪贤路、大德路(1921)、泰康路(1919)、吉祥路(1920)、盘福路(1920，盘福直街)、惠吉东(西)路(20世纪30年代)、攀桂坊、仁寿街、丹桂里、拾桂坊、宜居里(20世纪20年代初)、锦荣街、福恩里、凌霄里、安怀里、达名里、文桂里、兴隆东街、祝寿巷、圣贤里、学源里(广州府学旁)、诗家里、起云里、贤藏街(与龙藏街相关)、云台里、玉华坊、纪纲街、怡乐里、擢甲里(宋进士黄勋所修)、福地巷(明伦文叙所居)、蓬莱北街、小康新街、祥龙里(龙起井，钟氏为官三代)、探花巷(有魁星楼)、温良里、永禄新街、博爱新街、高第街、谢恩里、荣贵新街、联兴巷(1912)、阜康里、民庆新街(1915)、善庆里、贤乐里、太平沙、同庆坊、普安街、游龙坊、麟庆坊、万福路/万福里、德政北(中、南)路、文德路(原有文德里)、达道路(20世纪30年代)、新兴路、新庆路、德安路(20世纪20年代)、均益路(1923)、永安坊直街(20世纪40年代)、永胜街、东昌大街、积厚新街、东贤里、荣华南、永曜北街、镇龙上(下)街、定安里、龙腾里、福行街、新福直街、长兴直街、荣利新街(辛亥革命后)、通正街、太平坊、文德里、青云直街(青云桥)、仰忠街(明初名宦周新故居)、迎恩里、余学坊、里仁坊、近圣里、仰贤里(孔庙旁)、芳草街(番禺学宫旁)、吉庆东、安乐道、鸿裕道(20世纪30年代)、德行街、逢源路、恩宁路、华贵路、清平路、德星路、兴隆北路、长乐路、蓬莱路、靖远北路、如意坊路、丛桂路、大同路(1931)、珠玑路(20世纪20年代末)、长庚首约、和安西、丁财街、吉祥坊、兴贤坊、文昌巷、和息里、龙源里、西荣巷、昌华大街(南汉昌华苑)、同福路(1926)、洪德路(1928)。

2. 时代社会意识

辛亥革命以后命名的有维新横路(原有维新路，即今广州起义路)、先烈路、和平东(中、西)路(1948)等。其中，和平东(中、西)路原为普济桥、宁远坊、登龙街、兴隆东街、兴隆西坊、鸡栏孖庙、拱日门、旧豆栏、荣华东、荣华西、毓秀坊、三板桥、十三甫、十二甫东约等一系列旧街道，1931年改扩建后命名为拱日东(中、西)路，得名于原街道名拱日门，抗日战争时期又改名为抗日东(中、西)路，抗战胜利后的1948年改为和平东(中、西)路，寓意社会和平稳定。

粤华街、大华新街(1921)、高华里(1930)、西华路(1933)、东华东(西)路(1929、1932)、南华路(1926)。以"华"命名街巷，民国时期使用较多，此与彼时民族独立自强意识兴起有关。

1949年后命名的有团结路、友爱路、爱国路、光明路、和平路、建设大马路、党恩新街(20世纪50年代)、东风东(中、西)路(1968)、北京路(1966)、劳动路(1966)、人民北(中、南)路(1966)、前进路(1967)、革新路(1966)等。

(六) 以历史人物、历史事件或传说命名

1. 历史人物

中山一(二、三、四、五、六、七、八)路(1948, 20世纪60年代)、崔府街(南宋名臣崔与之故宅)、状元坊(宋代状元张镇孙故居)。

2. 历史事件

六二三路(民国时期)、广州起义路(1966)、解放北(中、南)路(1954)、光复北(中、南)路(1931)。

3. 传说

仰星街(仰望老寿星)、走木街(相传明代曾有人于街口堆放木材)、天马巷(相传明代巷中有大户,其有一对白马被誉为天马)、百岁坊(相传清乾隆年间为祝贺百岁老人所建)、积金巷(浮丘仙人,此巷已毁)。

三 思考和建议

广州传统城区街巷名称,是广州城市发展和历史文化风貌的一个缩影。随着城市发展和旧城更新,有的街巷已被拆并而不复存在,不少街巷命名缘起逐渐不为人知,有必要考虑其文化内涵的保护和延续。

几点建议:

(一) 合理保护

现存的历史街区,可因地制宜,采取不同方式保护展示。比如,越秀公园古城墙、北京路等已属古城遗址保护的成功范例,东濠涌、荔枝湾涌等可结合整治改造,设置景观,体现广州曾经水网纵横的风貌。部分富有文化内涵的街巷,可通过设置街头雕塑、壁画、照片、标牌等方式展示历史(图2、图3)。还可以通过虚拟平台,串联现存街名,回溯沿革历史,配合老照片、老地图,新旧对比,动态展示。

图2 西来初地街头壁画　　　　图3 西来初地说明标牌

（二）适当沿用

城市更新、扩建进程中，街巷的拆、改、撤、并自是不可完全避免。改造新建的街巷，可尽量沿用有历史价值、有传承渊源的原有街巷名称，也可适当采用有地域文化特色的地名、土名，比如：万胜围、海心沙、西塱等。

（三）科学规划

城市新拓展区的街巷命名，既要注重现代气息，也应兼顾岭南传统和文化习惯，加强总体规划，避免重复，兼顾普通话和粤方言两种读音。番禺、南沙等新开发城市区域，注意超前规划，例如可考虑尽量保留水网特色。

（禤健聪）

城市商业区商店标牌用字情况[*]

广州素有"千年商都"美誉,是重要的国际商贸中心,市内商业区众多。商店标牌是商家宣传促销、招徕顾客的重要媒介。商店标牌的用字情况,既关乎商家的经营,也体现城市形象。

一 调查概况

本调查选取广州市上下九步行街、时尚天河商业广场、中华广场、GOGO新天地、广州大学商业中心及白马服装批发市场等6个代表性商业区作为观察点。

上下九步行街是广州传统商业街区,时尚天河是新兴的大型地下商业广场,中华广场是高端综合购物中心,GOGO新天地和广州大学商业中心均是广州大学城内以大学生为主要消费群体的商业点,白马服装批发市场则是广州地区规模最大的中高档服装市场。

商店标牌可分为特设标牌和一般流通标牌两类,前者用于标明店铺名称,后者用于提供其他信息。2016年10月至2017年2月,通过实地考察,穷尽性收集,本调查共获得上述6个商业区商店标牌照片3066例,其中特设标牌1651例,一般流通标牌1415例(表1)。

表1 标牌分布

类型	上下九步行街	时尚天河	中华广场	白马服装批发市场	GOGO新天地	广州大学商业中心	总计
特设标牌	297	562	249	136	129	278	1651
一般标牌	290	228	254	143	79	421	1415
合计	587	790	503	279	208	699	3066

---

[*] 本文为广州市教育系统创新学术团队"语言生态与服务研究"(1201620012)、广州大学2016年省级大学生创新训练项目"广州城市社会用字状况调查"(201611078099)成果。

二　特设标牌

特设标牌即通常所说的商店招牌,是一家商店的最重要标识,一般位置突出、用语简明、版式相对固定。调查显示,特设标牌在语符使用上,除以汉语汉字为主外,多语种、多形式并存,外文中英文占比较高;在汉字用字上,除以规范汉字为主外,繁体字在一定范围内使用;存在使用谐音字现象。

(一)语符种类多样

特设标牌的用字,以汉语类为主,但汉外搭配类和外语类也占了相当大的比例,其中时尚天河、中华广场、白马服装批发市场3个商业区纯外语类标牌所占比例较高,分别达到32.9%、33.3%、30.1%(表2)。

表2　各类语符标牌数量及占比

类型	上下九步行街	时尚天河	中华广场	白马服装批发市场	GOGO新天地	广州大学商业中心	总数及占比
汉语类	172/57.9%	238/42.4%	104/41.8%	80/58.8%	77/59.7%	180/64.7%	852/51.6%
汉外搭配	91/30.6%	136/24.2%	62/24.9%	15/11.0%	36/27.9%	68/24.5%	408/24.7%
外语类	31/10.4%	185/32.9%	83/33.3%	41/30.1%	15/11.6%	30/10.8%	385/23.3%
数字类	3/1.0%	3/0.5%	——	——	1/0.8%	——	7/0.4%

标牌的用字搭配,呈现出多样形式。不同文字的搭配,如汉字与英文、日文、韩文、泰文搭配,英文与日文、韩文等搭配,个别出现汉字、英文、韩文3种文字并用。文字与其他符号搭配,如汉字与拼音、符号、数字搭配,英文与符号、数字搭配,还有汉字与英文再搭配符号或数字。少数为纯汉语拼音标牌,也有纯数字标牌(表3)。

标牌中的外文字符有英文、韩文、日文、泰文4种,其中英文所占比例最大。外语类和汉外搭配类标牌合计占比达48%,反映了广州对外开放程度高;同时,普通市民对主要几种外语有一定的认知,外文标牌未带来明显的识认障碍。从外文种类看,英语作为全球通用语言,占据绝对强势,日本、韩国与中国毗邻,日文、韩文也有一定比例,泰文只出现个别例子。

表3 标牌的语符使用类型及分布情况

语符分类		上下九步行街	时尚天河	中华广场	白马服装批发市场	GOGO新天地	广州大学商业中心	示例
汉语类	纯汉字	50.5%	36.6%	35.7%	46.3%	48.1%	59.4%	星巴克咖啡
	汉字配拼音	5.1%	2.0%	5.2%	8.1%	7.8%	2.5%	轻妙 QINGMIAO
	汉字配拼音、符号	1.0%	0.2%	/	/	/	/	衣 & 戀 yilian
	汉字配符号	0.3%	2.5%	0.4%	3%	1.6%	1.8%	港趣 & 滋蛋仔
	汉字配数字	1.0%	0.9%	0.4%	/	2.3%	0.7%	3號
	纯拼音	/	0.2%	/	1.4%	/	0.4%	Xin yishang
汉外搭配类	汉字配英文	22.9%	21.0%	19.7%	10.3%	21.7%	19.8%	GIRDEAR 哥弟
	汉字配英文、拼音	/	0.2%	/	/	/	1.4%	DAKASI 大卡司 tea
	汉字配英文、韩文	0.3%	0.2%	/	/	/	/	BGC 브라운치킨 布莱恩炸鸡
	汉字配英文、数字	2.4%	0.4%	0.4%	/	/	/	YOU³ 1号美甲美睫
	汉字配英文、符号	2.0%	1.2%	4.4%	/	5.4%	1.1%	H&C 一站服饰
	汉字配日文	1.0%	0.9%	/	/	0.8%	0.7%	优宿優品 ゆう やと
	汉字配韩文	1.7%	0.4%	0.4%	0.7%	/	1.4%	韩国风味 한국의맛
	汉字配泰文	0.3%	/	/	/	/	/	泰芒了 ฉันยุ่งมาก
外语类	纯英文	6.7%	25.8%	27.7%	27.2%	7.8%	8.3%	Florida Town
	英文配数字	1.3%	1.6%	1.6%	0.7%	1.6%	1.0%	M6M7
	英文配符号	2.4%	4.6%	2.4%	1.4%	1.6%	1.4%	MS·TAO
	英文配韩文	/	0.4%	0.4%	/	/	/	GOLDENPRINCESS HAIR SALON 공주
	英文配日文	/	/	1.2%	/	0.8%	/	メーカ MACKAR
	纯韩文	/	0.5%	/	0.7%	/	/	공휴일
数字类	纯数字	/	0.5%	/	/	/	/	1004
	数字配符号	1.0%	/	/	/	0.8%	/	+7

在汉外搭配类标牌中,以汉字为主的标牌占46.1%,以外文为主的标牌占53.9%。以外文为主的标牌中,外文多位于标牌的中心位置;汉字居于外文的下方或右侧,主要功能是标注对应的中文译称,或是标明品牌经营内容(图1)。

图 1 "Thank u mom 非油炸·健康鸡"标牌

出现外文的标牌，多数属于进入广州经营的外国品牌。作为国外知名品牌的分店，直接使用品牌所属外语型特设标牌，能延续其品牌效应。如上下九步行街一家休闲服饰专卖店标牌为"JEANSWEST 眞維斯"，"JEANSWEST"是一个澳大利亚的品牌（图 2）。

图 2 "JEANSWEST 眞維斯"标牌　　　　图 3 "Babie.J²"标牌

有些外文类特设标牌实际属于国内品牌，商家抓住某些消费者偏爱外国品牌的心理，有意设计出纯外文的特设标牌。这类品牌通常知名度较低，所设外文标牌缺乏认受性，有时效果会适得其反。如广州大学商业中心的标牌"Bbing.冰""Babie.J²"（图 3），消费者很难从标牌本身获知商店经营的内容。

（二）繁体字一定范围内出现

特设标牌中繁体汉字占有一定的比例。其中 GOGO 新天地、上下九步行街占比较高，白马服装批发市场、中华广场次之，时尚天河、广州大学商业中心较少（表 4）。

表 4　繁体字使用情况

商业区	繁体字特设标牌数量及比例
GOGO新天地	32/24.8%
上下九步行街	67/22.6%
白马服装批发市场	26/19.1%
中华广场	41/16.5%
时尚天河	51/9.1%
广州大学商业中心	21/7.6%

一部分繁体字标牌属港澳台地区品牌。这类从港澳台地区引进的品牌商店,大多直接沿用品牌原有的特设标牌,通常就是繁体字。其中,台湾品牌以甜品店和饮品店居多,如广州大学商业中心的"芋覲園""貢茶",时尚天河的"1點點""鮮芋仙"等。港澳地区品牌以茶餐厅所见较多,如中华广场的"富璟餐廳"、时尚天河的"聚運茶餐"以及广州大学商业中心的"拾憶"等。此外,香港品牌珠宝商店也较多,如"六福珠寶""永福珠寶""謝瑞麟珠寶"等。一些使用繁体字的特设标牌,在主标牌之外,还另外注明来自港澳台地区,突显其商业身份和经营特色(图4、图5、图6)。有的在原有繁体字标牌外,另辅以简化字标牌(图6)。

图 4　"芋覲園"标牌　　　　图 5　"富璟餐廳"标牌

另有部分繁体字标牌属于国内传统老字号商家,这些商家的特设标牌也是沿用原有的标牌。比如作为广州市三大传统商业中心之一的上下九步行街,汇集了较多传统的广州老字号,如"蓮香樓""廣州酒家"等广州茶楼、"陳添記""銀記腸粉店"等广州特色小吃(图7)。

还有一些繁体字标牌,则属于新兴自创品牌,如时尚天河所见"熳潔兒""肖氏銀匠"等广州自创品牌,采用繁体字主要是出于标新,似乎不值得提倡。

图 6 "拾憶"标牌　　　　　　　　图 7 "蓮香樓"标牌

（三）存在普通话谐音替代用字现象

特设标牌中存在普通话谐音替代用字现象，通过同音或近音字代替本字，以期达到一字（语）相关的效果，吸引消费者的注意。谐音替代用字中，同音替代占82.5%，近音替代则占17.5%。谐音用字，基本上均为普通话谐音，如"链爱"（链→恋）、"牛鲜生"（鲜→先）、"衣见钟情"（衣→一）、"味稻"（稻→道）等，尚未发现粤方言谐音的情况。

表 5　谐音替代用字使用比例

商业区	谐音替代用字特设标牌数量及比例
GOGO 新天地	9/7.0%
时尚天河	18/3.2%
中华广场	6/2.4%
白马服装批发市场	2/1.5%
广州大学商业中心	3/1.1%
上下九步行街	3/1.0%

谐音替代用字使用比例较高的是 GOGO 新天地，占 7.0%，最低的是上下九步行街，仅为 1.0%（表 5）。GOGO 新天地位于广州大学城，主要消费群体是学生，商店经营内容趋于年轻潮流；上下九步行街则是传统商业区，消费人群包括不同年龄层。由此看来，谐音替代用字更多是迎合年轻消费群体的心理。

适当的谐音替代，可以起到一字（语）相关的效果，较能吸引消费者的注意。如时尚天河两家销售小饰品的商店，标牌分别是"小饰界"和"爱饰永恒"，用同音字"饰"分别替代了"世"和"是"。"小世界"和"爱是永恒"是人们比较熟悉的用语，又嵌进了"饰"这一经营主题（图8）。又如 GOGO 新天地的商店标牌"潮膳人家",将"汕"与"膳"糅合,突出潮汕地方特色膳食的经营主题(图9)。

也有的标牌单纯追求谐音,未能照应表意性,其效果存疑。如时尚天河一家服装店标牌为"涵晴么么",谐音"含情脉脉",但"涵晴么么"语义所指不明,标牌应有的标示作用无法实现(图10)。

图8 "爱饰永恒"标牌　　图9 "潮膳人家"标牌　　图10 "涵晴么么"标牌

三　一般流通标牌

根据一般流通标牌的内容性质和调查实际所得,可把收集到的1415个一般流通标牌大致分为招聘、宣传、促销、菜单和不能归入上述4类的其他类共5类(表6)。

表6　各类一般流通标牌在各商业点数量及占比

类型	时尚天河	白马服装批发市场	中华广场	上下九步行街	广州大学商业中心	GOGO新天地
招聘类	33/14.5%	19/13.3%	38/15%	48/16.6%	13/3.1%	10/12.7%
宣传类	122/53.5%	87/60.8%	128/50.4%	122/42.1%	296/70.3%	50/63.3%
促销类	28/12.3%	15/10.5%	47/18.5%	65/22.4%	26/6.2%	14/17.7%
菜单类	9/3.9%	1/0.7%	33/13.0%	7/2.4%	38/9.0%	2/2.5%
其他类	36/15.8%	21/14.7%	8/3.1%	48/16.6%	48/11.4%	3/3.8%

相对于特设标牌,一般流通标牌内容形式灵活、文字多寡不一,用字情况更为多样。调查发现,完全符合现行汉字汉语规范的标牌占76%,其余24%的标牌主要存在使用繁体字、繁简混用、使用谐音字、方言用字、创意字、出现错别字(含二简字)等6类特殊用字情况(表7、表8、表9)。

表7　各类特殊用字标牌的占比

类型		时尚天河	白马服装市场	中华广场	上下九步行街	广州大学商业中心	GOGO新天地	各类用字总占比
繁体字		11.8%	4.9%	7.5%	6.2%	2.1%	17.7%	6.6%
繁简混用		6.1%	11.2%	6.7%	13.4%	5.0%	3.8%	7.8%
谐音字		3.5%	9.1%	3.1%	5.5%	2.9%	11.4%	4.7%
方言用字		1.8%	0.7%	/	2.4%	1.2%	1.3%	1.3%
创意字		0.4%	0.7%	1.2%	3.8%	0.7%	/	1.3%
错别字	手写	8.3%	2.1%	/	1.7%	0.5%	/	2.1%
	印刷	/	/	/	/	0.5%	/	0.2%
总占比		31.9%	28.7%	18.5%	33.0%	12.9%	34.2%	24.0%

表8　各类特殊用字标牌在不同类别标牌中的分布

类型		招聘类	宣传类	促销类	菜单类	其他类
繁体字		1.0%	57.5%	3.2%	5.3%	33.0%
繁简混用		12.7%	52.7%	14.6%	12.7%	7.3%
谐音字		3.0%	57.6%	21.2%	10.6%	7.6%
方言用字		16.7%	66.7%	/	5.6%	11.1%
创意字		26.3%	36.8%	15.8%	5.3%	15.8%
错别字	手写	17.2%	51.7%	27.6%	/	3.4%
	印刷	/	/	/	/	100%

表9　不同类别标牌中各类特殊用字的占比

类型		招聘类	宣传类	促销类	菜单类	其他类
繁体字		0.6%	6.7%	1.5%	5.6%	18.9%
繁简混用		8.7%	7.2%	8.2%	15.6%	4.9%
谐音字		1.2%	4.7%	7.1%	7.8%	3.0%
方言用字		1.9%	1.5%	/	1.1%	1.2%
创意字		3.1%	0.9%	1.5%	1.1%	1.8%
错别字	手写	3.1%	1.9%	4.1%	/	1.2%
	印刷	/	/	/	/	0.6%
总占比		18.6%	22.9%	22.6%	31.1%	31.7%

(一)繁体字使用较多,存在繁简混用现象

在调查的 6 个商业点中,一般流通标牌全文使用繁体字和繁简混用两种情况合计达到 14.4%。繁体字使用的情况,与前述特设标牌类似。与特设标牌情况不同的是,一般流通标牌出现较多的繁简混用情况。

部分标牌使用繁体字来突出强调个别重要字眼,而标牌整体仍使用简化字,导致繁简混杂。例如"万岁寿司"标牌,"人气王"中的"气"写作繁体"氣",而"万岁寿司"则用简化字,整体用字繁简不统一(图 11)。

繁简混用的情况见于宣传类和促销类一般流通标牌时,主要有 3 种情况:(1)标题使用繁体,标题下的主要信息使用简化字;(2)标题繁简混用,标题下的主要信息使用简化字;(3)标题使用简化字,标题下的主要信息繁简混用。其中,又以第一种情况出现较多。

图 11 "万岁寿司"标牌

(二)谐音替代用字形式多样

谐音替代用字在宣传和促销类标牌中使用较多。谐音替代用字主要有 3 种情况:(1)用谐音成语,如"鸡惠难得","鸡惠"与"机会"同音,又指鸡年,以此达到吸引消费者的广告宣传效果;(2)借用网络用语,如宣传海报"够大够'嗨'心","嗨"是网络用语,"嗨心"是"开心"的意思;(3)出于避讳,如"博联'富'一层"中的"富"本应为"负",但商家为了避讳,转用富裕的"富",表达对生意兴隆的企盼。

（三）方言字主要见于饮食类标牌

调查发现，标牌中方言和方言字出现不多，主要见于饮食类的宣传标牌和菜单标牌，偶尔也见于电影宣传标牌。促销类的一般流通标牌未见使用方言字。

粤方言使用最多。商家使用粤方言不局限于"抵食""食饭"这类短语，还用粤方言表达完整的句子。如宣传奶茶等饮品的广告语："原来奶茶真系用奶做噶！""哇～～呢杯野，真系掂到无朋友嘅，颜值都得得地哦！""啖啖好茶，口口新鲜。"又如时尚天河一家正在装修的店铺，海报上写着："睇咩？话你啰（。）呃，呢间铺新张有乜好食嘅嘢，7货唔话俾你知，等住！"（图12）

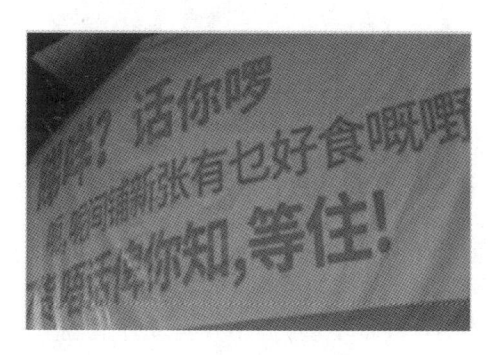

图 12 粤方言标牌

少数标牌出现潮汕方言。上下九步行街曾贴有宣传潮汕特色美食的海报，并用"胶己人""浪险"等突显潮汕粿条等特色美食。

总体而言，方言或方言字在商店标牌中出现数量有限，主要集中在与地域文化特色密切相关的饮食类标牌。普通广州市民并没有特别刻意强调方言的使用。

（四）创意字在多类标牌中出现

创意字标牌只占一般流通标牌总数的 1.3%，但在多类标牌中均有出现。

创意字运用现代电脑技术和印刷技术，能够根据字词所需要表达的意思，在原有字形的基础上增添其他相关的形象，或者将字中的某一重要笔画转换成其他相关形象，看起来生动活泼，色彩鲜明，容易引人注目。

某招聘海报中的"就想让你多赚点，付出＝回报"，设计者利用字形特点，将"就"字中间部分的"口"字形替换成了金币的图案，将"付"字中的"、"替换成"$"，从而加入了金钱的元素，颇有"加入我们能赚更多钱"的意味。

中华广场有一店名叫"凤歌",设计者将"凤"字与凤凰的形象相联系,把"凤"字左边的"丿"转换成一只凤凰的形象,栩栩如生,看起来更加美观(图13)。

图13 "凤歌"创意字标牌

使用创意字虽然能够引人注目,但也要注意避免过于花哨或无关元素过多成为累赘,否则容易让人误解或不明其意。

(五)错别字现象仍然存在

错别字(包括二简字)数量不多,但不仅见于手写标牌,也出现在印刷标牌中,仍值得关注,需要改善。

二简字出现率较高的是"旦(蛋)""歺(餐)"二字,"鱼蛋"的"蛋"和"早餐"的"餐"常被写成"旦"和"歺"。不少餐馆的菜单,常常将"蛋"写作"旦",某种意义上看,成为了习惯。以"歺"代"餐"主要见于手写标牌。

错字多见于手写标牌,表现为增减笔画或增减偏旁。如:上下九步行街一家采蝶招聘把"迎"字写成了"迎","卬"旁中间多加了一"丿";白马服装批发市场多个商家将"真丝"的"真"中间三横漏写成两横;广州大学商业中心一处标牌"种植小工具"中的"植"和"具"中间均漏写了一横。错字中,有些是繁体字书写错误,如某商家"撤塲清货"标牌,"塲"字右半"昜"旁漏写中间一横而成了"易"旁。

印刷体标牌主要是出现别字,如广州大学商业中心的一处指示牌,将"选拔赛"的"拔"打印成了"拨"。

四 对策建议

通过上述调查和分析可见,广州城市商业区商店标牌的用字形式多样、灵活

丰富，总体上较为规范，语言文字使用状况良好。特设标牌的语符使用上汉语与外语搭配型和外语型占据较高比例，其中外语的使用以英语占绝对优势，这一定程度上反映了广州作为国际商贸中心的城市特点。繁体字虽使用较多，但大多数有其特定的使用范围，如多见于来自港澳台等使用繁体字地区的品牌或传统老字号品牌。这在一定程度上反映出广州的语言文字标准化规范化处于一个比较好的水平。

同时，商店标牌不同程度存在不符合现行语言文字规范的现象，有必要加以指引，着力改善。针对调查中发现的问题，建议如下：

（一）有一些属于国内品牌的纯外文标牌和新兴自创繁体字标牌的现象，这与国家相关语言文字法规有冲突，应该加强制作设置方面的引导管理。同时，无论是外文标牌还是汉字繁体字标牌，一方面尊重其品牌传统，另一方面需要加强规范。按照《国家通用语言文字法》规定，招牌、广告用字应当以国家通用语言文字为基本的用语用字。属于境外品牌的外语类标牌，在允许保留原貌的基础上注意标注合适规范的对应汉语译称；在允许使用繁体字范围内的传统老字号商家或境外品牌（主要来自港澳台地区）标牌，要更加注意加挂通用规范汉字标牌，目前这方面商店标牌的规范还需要进一步加强。

（二）商店标牌的规范化监管，应注重分类管理，提倡管理与服务并举。如：对于特设标牌，应严格执行国家规范标准；对于一般流通标牌，以柔性引导为主。对于不涉及国家规范明确废止或明显有违公序良俗的用字用语，包括方言、谐音替代用字等，尊重使用者的个性化设计使用，同时相关职能部门应加大宣传引导，提升有关从业人员的语言文字规范意识。

（谢燕婷、周春华、郭嘉纯、陈　婷、翁丹红、禤健聪）

北京路商业步行街商店名称十年变化

广州市北京路商业步行街北起广卫路,南到沿江中路,全长1500多米,是一条著名的商业街。2006年10月和2017年7月,我们分别对北京路商店名称进行了调查,两次调查的范围均从北京路门牌号码2号至376号,2006年10月调查[①]录得单位名称257个,除政府机关、银行、酒店等非商店单位,整理出有效商店名称253个;2017年7月对商店名称进行调查,实际录得单位名称331个,其中商店名称292个。基于前后两次的调查,我们可以发现从2006年到2017年北京路的商店名称隐现增减均有不同的变化,从一个侧面可以反映出广州10年多时间商业发展的某些特征。

一　语种及其相关符号

语种指语言的种类,相关符号指标写商店名称的符号,包括语种符号,也包括其他的标写形式。我们对2006年、2017年北京路商店名称语种语符组合类型做了统计,统计情况见表1。

表1　北京路商店名称语种语符组合类型分布统计表

类型 时间	汉字 数量	汉字 占比(%)	拼音 数量	拼音 占比(%)	汉字+拼音 数量	汉字+拼音 占比(%)	英文 数量	英文 占比(%)	汉字+英文 数量	汉字+英文 占比(%)
2006	126	49.80	0	0	9	3.56	19	7.51	62	24.51
2017	132	45.21	2	0.68	24	8.22	43	14.73	73	25.00

类型 时间	汉字+拼音+英文 数量	汉字+拼音+英文 占比(%)	汉字+英文+汉字 数量	汉字+英文+汉字 占比(%)	英文+汉字+日文 数量	英文+汉字+日文 占比(%)	汉字+泰文 数量	汉字+泰文 占比(%)	商标代名称 数量	商标代名称 占比(%)
2006	1	0.40	35	13.83	0	0	0	0	1	0.40
2017	12	4.11	2	0.68	2	0.68	2	0.68	0	0

---

① 广州大学人文学院硕士研究生黄忠胜调查记录。

表 1 把 2006 年和 2017 年北京路商店名称语种语符组合类型进行了梳理分类，一共分了 9 种类型，除此之外，还有 1 类"商标代名称"不在语种语符组合之列。这 9 种语种语符组合类型表现出以下特点。

（一）语种和语符选择更趋多样

2006 年，北京路商店名称中使用的语种有汉语（汉字、拼音）和英语 2 种；2017 年，北京路商店名称中使用的语种有汉语（汉字、拼音）、英语、日语和泰语 4 种。2017 年比 2006 年多了日语和泰语 2 种语种。2006 年，北京路商店名称中使用的语符有汉字、拼音和英文 3 种，另外还有一种商标符号；2017 年，北京路商店名称中使用的语符有汉字、拼音、英文、日文和泰文 5 种。2017 年比 2006 年使用的语符种类多出了日文和泰文 2 种。从 2006 年到 2017 年北京路商店名称的语种和语符数均在增加，表现出北京路商店名称在语种及语符选择运用上的多样化趋势，这种趋势与广州市国家重要的中心城市、国际商贸中心的城市定位是吻合的。

（二）语种语符组合选择上更加理性

从语种语符组合的角度来观察，2006 年的语种语符组合类型大约有 7 类。最多的是"汉字"组合，126 个，占 49.80%；其次是"汉字+英文"组合，62 个，占 24.51%；再次是"汉字+英文+汉字"组合，35 个，占 13.83%。2017 年的语种语符组合类型大约有 9 类。最多的是"汉字"组合，132 个，占 45.21%；其次是"汉字+英文"组合，73 个，占 25.00%；再次是"英文"组合，43 个，占 14.73%。"汉字"和"汉字+英文"组合在 2006 及 2017 年均分列第一和第二位，都为优势组合类型，但不同的是"英文"组合类型由 2006 年的第四位跃居到 2017 年的第三位，表现出广州作为国际商贸中心对语言运用的一种理性选择。

（三）拼音语符的选择更加自觉

从语种语符组合的角度来观察，我们还会发现另外一种现象，在"拼音"语符的选择运用上，2017 年与 2006 年是有区别的：2006 年，北京路商店名称无"拼音"类型，有"拼音+汉字"及"汉字+拼音+英文"组合类型，共 10 个，占 3.96%；2017 年北京路商店名称除了有"拼音+汉字"和"汉字+拼音+英文"组合类型外，还有"拼音"组合类型，共计 38 个，占 13.01%，2017 年比 2006 年要多 9.05%，即商店名称在"拼音"语符的选择运用上2017年比2006年多。这在某种程度上表现出商家遵守国家语言文字规范的一种自觉,从客观效果看,国际化背景下难免也会有不识商店汉字的人,拼音就不失为一种有效的辨识手段,是商家理性应对的一种结果。

二 名称结构

对于商店名称结构可以从店名的音节结构和店名的语义结构两个角度来统计观察,大体上可以得出两方面的结论。

(一)音节结构稳中趋简

从2006年到2017年北京路商店名称音节结构变化的倾向是稳中趋简,具体情况见表2。

表2 2006年、2017年北京路商店名称音节结构类型统计表

时间\类型	1个音节		2个音节		3个音节		4个音节		5个音节	
	数量	占比(%)	数量	占比(%)	数量	占比(%)	数量	占比(%)	数量	占比(%)
2006	1	0.40	18	7.11	33	13.04	71	28.06	35	13.83
2017	3	1.03	36	12.33	71	24.32	77	26.37	27	9.25

时间\类型	6个音节		7个音节		8个音节		英文		商标代名称	
	数量	占比(%)	数量	占比(%)	数量	占比(%)	数量	占比(%)	数量	占比(%)
2006	28	11.07	24	9.49	23	9.09	19	7.51	1	0.40
2017	16	5.48	10	3.42	9	3.08	43	14.73	0	0

表2中的音节结构中的"音节"指的是汉语音节,统计的对象包括含汉字及拼音语符的商店名称,而含英文语符的商店名称或商标代名称的商店名称则单独分列出来。北京路商店名称最少是1个音节,最多有14个音节,分为8类。其中,把1到8个音节结构的商店店名各分为一类,而9到14个音节的商店店名较少就归并为一类。在2006年,北京路商店名称的音节结构类型最多的是"4个音节"的,有71个,占比28.06%;其次是"5个音节"的,有35个,占比13.83%;再次是"3个音节"的,有33个,占比13.04%。在2017年,北京路商店名称音节结构类型最多的是"4个音节"的,有77个,占比26.37%;其次是"3个音节"的,有71个,占比24.32%;再次是"2个音节"的,有36个,占比12.33%。

对比2006年与2017年的商店名称音节结构,我们基本上可以得出稳中趋

简的结论。稳的表现是北京路商店名称的音节结构类型排在第一的都是"4个音节"的;趋简的表现是到2017年排在第二的音节类型由"5个音节"变为"3个音节",排在第三的由"3个音节"变为"2个音节"。从这个排序的变与不变中,表现出一种商家对商店名称结构上选择的定和变。

(二)商店专有名号增多

我们把商店名称的组成从语义构成的角度来进行观察分析,可以把商店名称分析为属地名、专名、业名和通名4个元素。[①] 我们对2006年、2017年的北京路商店名称语义构成分类的统计见表3。

表3 2006年、2017年北京路商店名称语义构成分类统计表

时间\类型	专名		专名+通名		专名+业名		专名+业名+通名		属地名+业名+通名		业名+业名+业名		其他	
	数量	占比(%)	数量	占比(%)	数量	占比(%)	数量	占比(%)	数量	占比(%)	数量	占比(%)	数量	占比(%)
2006	66	26.09	27	10.67	101	39.92	35	13.83	5	1.98	0	0	19	7.51
2017	144	49.32	32	10.96	78	26.71	15	5.14	8	2.74	4	1.37	11	3.77

表3把北京路商店名称的语义结构分成了"专名""专名+通名""专名+业名""专名+业名+通名""属地名+业名+通名""业名+业名+业名"等6种类型,不能归入这6种类型的一些零散情况我们将其称为"其他"类。在2006年,北京路商店名称语义构成类型最多的是"专名+业名",有101个,占比39.92%;其次是"专名",有66个,占比26.09%;再次是"专名+业名+通名",有35个,占比13.83%。2017年,北京路商店名称语义构成类型最多的是"专名",有144个,占比49.32%;其次是"专名+业名",有78个,占比26.71%;再次是"专名+通名",有32个,占比10.96%。"专名+业名+通名""属地名+业名+通名""业名+业名+业名"等3种类型则相对比较少。

在对统计数据进行对比分析后发现北京路商店名称的语义构成类型在2006年排在第一位的"专名+业名"类到2017年已经退居第二位,而在2006年排在第二位的"专名"类在2017年跃居第一位,2006年排在第三位的"专名+业名+通名"类则在2017年退出了前三,取而代之的是"专名+通名"类。从这个变化中

---

① "属地名"是指商店或售卖商品所属国家或所在地区的行政区划名称,"专名"是指商店专有名号,"业名"标示的是商店所售商品或服务类别,"通名"标示的是商店经营类别。

可以看出，商店名称在趋简这个趋势上语义构成也与音节结构一样，但在这个趋简的取舍过程中专名表现得到了强化。

北京路商店名称专名类由 2006 年 66 个增加到 2017 年的 144 个，增加了 22.44 个百分点。

表4　2006 年、2017 年北京路"专名"类商店名称分类统计表

数量 时间	类别 英文+ 汉字	英文	汉字	汉字+ 拼音	拼音	汉字+ 泰文	英文+ 汉字+日文	汉字+ 拼音+英文
2006	30	19	15	4	0	0	0	0
2017	42	42	33	19	2	2	2	2

我们从表4中观察到从2006年到2017年北京路专名类商店名称变化表现主要有两种：一是"英文+汉字""英文""汉字"及"汉字+拼音"类的专名商店名称在增加。其中，"英文+汉字"中专名由30个变为42个，增加了12个；"英文"专名由19个变为42个，增加了23个；"汉字"专名由15个变为33个，增加了18个；"汉字+拼音"专名由4个变为19个，增加了15个。"英文"专名增加得最多，其次是"汉字"专名。二是"汉字+泰文""英文+汉字+日文"和"汉字+拼音+英文"类专名由无到有，到2017年均为2个，专名中语符的种类增多了。"英文"专名的增多及专名中语符种类的增多反映出广州作为国际商贸中心国际化程度确实在不断提高。

三　名称的品类聚集

目前基于具体领域的商店名称应该有一个什么样的分类系统似乎难以有一个周全的分类体系，但根据商店所售商品品类的不同，我们大体上还是可以对北京路商店名称进行一种归并聚类的统计分析，基本结论有两条。

（一）品类基本稳定，衣食为先

表5是我们对2006年、2017年北京路商店品类的统计。

表5　2006年、2017年北京路商店品类统计表

品类 时间	餐饮 数量	餐饮 占比(%)	服装 数量	服装 占比(%)	鞋 数量	鞋 占比(%)	商场（广场、超市）数量	商场（广场、超市）占比(%)	饰品（珠宝、玉器）数量	饰品（珠宝、玉器）占比(%)	皮具、箱包 数量	皮具、箱包 占比(%)
2006	35	13.83	101	39.92	35	13.83	14	5.53	9	3.56	11	4.35
2017	80	27.40	75	25.68	31	10.62	21	7.19	13	4.45	9	3.08

品类 时间	图书、音像、文化、教育 数量	占比(%)	药店、医馆、美容 数量	占比(%)	眼镜、玩具 数量	占比(%)	钟表 数量	占比(%)	摄影 数量	占比(%)	其他 数量	占比(%)
2006	15	5.93	4	1.58	5	1.98	8	3.16	4	1.58	12	4.74
2017	17	5.82	7	2.40	9	3.08	3	1.03	1	0.34	27	9.25

我们把北京路上的商店名称大体上分成"餐饮""服装""鞋""商场（广场、超市）""饰品（珠宝、玉器）""皮具、箱包""图书、音像、文化、教育""药店、医馆、美容""眼镜、玩具""钟表""摄影"和"其他"12类，每一类的商店名称数量并不相同，最多的有101个，如2006年的"服装"类商店名称，最少的仅1家，如2017年的商店名称"本帮国际照明"本应归入"五金"类，但因为少就归并在"其他"类里。由表5可以观察到2006年和2017年在北京路上属于优势门类的商店名称：2006年，排在第一的是"服装"类，101家，占39.92%；排在第二的是"餐饮"和"鞋"类，各35家，均占13.83%。2017年，排在第一的是"餐饮"类，80家，占27.40%；排在第二的是"服装"类，75家，占25.68%；排在第三的是"鞋"类，31家，占10.62%。2006年与2017年两年里优势商店名称的排序并不完全相同，不同主要表现在"餐饮"和"服装"两类，呈现出此消彼长的态势，即原本在2006年排在第一的"服装"类到2017年退居第二位，而原本在2006年排在第二的"餐饮"类到2017年跃居到第一位，但整体可以称得上是"衣食为先"，在相当意义上体现出北京路作为传统商业街的底色。

（二）"老字号"餐饮增加抢眼

在2017年的餐饮类的商店名称中，有一个比较有意思的现象，冠名"老字号"的商店名称增加了不少，比较抢眼。

表6　2006年、2017年北京路餐饮类"老字号"商店名称统计表

时间	商店名称	合计
2006	太平馆西餐廳　清心堂凉茶　八珍菜馆	3
2017	太平馆(2)　清心堂　八珍　港三元　仁信老铺　沧州栈腊味　莲香楼(3)　皇上皇　宝生园　生茂泰　风行牛奶	14

如表6，餐饮类商店名称冠以"老字号"的在2006年仅有3个，到2017年则增加到14个，增加了大约4.7倍。

北京路上近年来老字号商家的汇聚是一种值得注意的现象，在某种意义上是现代化进程中民族传统品牌的一种自信体现，这种自信通常通过店标得到体现。在我们采集到的店标上除了加大字号、显要位置凸显商店名称外，大都在标牌上还标示有关商家的历史之类的信息，如图1除在显著位置凸显商店名称"莲香楼"外，还在"莲香楼"的四周标示了表示业界地位的"中华老字号""老广州手信"，历史久远的"始创一八八九年""百年饼家""百年兴顺莲香楼，莲蓉礼饼传万家"等信息。餐饮类出现"老字号"的抢眼表现，可能也和"食在广州"这个大的城市背景有一定的联系。

图1　"莲香楼"商店名称

四　名称的存续增减

我们在对2006年与2017年的商店名称做梳理比对时发现，北京路商店名称的存续增减有较大的变化。从2006年到2017年历经10年存续下来的商店名称仅有50个[①]。北京路的商店名称从2006年(253个)到2017年(292个)，有203

[①] 为了方便商店名称的对比分析，本次统计在遇到一个商店名称有几家分店的情况时均只算作一个。

个商店名称已经消失。也就是说,2017年北京路的商店名称除了存续下来的50个,还有203个被替换的和39个新增的。我们对2006年、2017年北京路商店名称存续关系做了统计,见表7。

表7 2006年、2017年北京路商店名称存续关系统计表

表现类型	不变	有改变				
^	^	增减音节		改变语序	改变语符		
^	^	减少	增加	^	增加	减少	替换
店名数	17	16	3	2	9	1	2
^	^	19		^	12		
占比(%)	34	38		4	24		

如表7所示,北京路商店名称从2006年到2017年存续的50个商店名称中存续关系有两种:一种是完全没有变化的,有17个,占34%,如"美意零食凉果专营店""adidas""永昌鞋店"等商店名称;另外一种是有改变的,有33个,占66%。

(一)语符增变杂存,以趋简合流为主

超过一半的商店名称出现了或多或少的变化,这些变化主要表现有3种:第一是增减音节,有19个,占38%。"增减音节"指两次采集的商店店名音节减少或增加。"减少音节"是一种"趋简"的表述,有16个,表现为2017年比2006年的音节少,商店名称的音节减少了,表述趋简了,例如,"太平馆西餐廳"→"太平馆",由6个音节变为3个音节。减少了"西餐廳"3个音节。"增加音节"是一种"趋繁"的表述,有3个,表现为2017年比2006年的音节多,例如,"新大新"→"新大新百货",增加了"百货"2个音节。第二是改变语符,表现出双语双符或一语双符的追求,有12个,占24%。"改变语符"指两次采集的店名出现增减语种语符或替换语符的改变。增加语符的有9个。例如:"皓·如"→"air.u 皓如"增加了英语语种和英文语符"air.u";"金轮"→"Jin lun 金轮",增加了拼音语符"Jin lun"。减少语符和替换语符比较少,共录得3例。例如:"增致牛仔 Zeng Zhi"→"JEANS 增致牛仔",用英文"JEANS"替换了拼音"Zeng Zhi",同时语符的语序也有改变。第三是改变语序,仅有2个,占4%。例如:"以纯 YISHion"→"YISHion 以纯",两次表述只是改变了"YISHion"和"以纯"的语符顺序。在这33个商店名称的变化中,涉及"增加音节"的商店名称仅有3个,整体看来,有变

化的商店名称在表述上趋简,在语符的运用上趋向于双语双符的选择,是一种合乎国家语言文字规范及国际化营商环境的要求,合大流。

(二)语义上专名更显优势

2006年、2017年共存而又有变化的商店名称,在语义结构上"专名"的表现更显优势,统计见表8。

表8 2006年、2017年共存中有变化的商店名称语义结构类型统计表

类型 时间	专名		专名+业名		专名+通名		专名+业名+通名		属地名+通名	
	数量	占比(%)	数量	占比(%)	数量	占比(%)	数量	占比(%)	数量	占比(%)
2006	11	33.33	15	45.45	3	9.09	3	9.09	1	3.03
2017	18	54.55	8	24.24	5	15.15	1	3.03	1	3.03

如表8所示,在2006年—2017年存续中有变化的商店名称的语义结构类型有5类,彼此类型没有不同,但是具体到每个类型的数量上消长是有所变化的。2006年语义结构类型的前三类是:"专名+业名"15个,占45.45%;"专名"11个,占33.33%;"专名+通名"和"专名+业名+通名"各3个,各占9.09%。2017年语义结构类型的前三类是:"专名"18个,占54.55%;"专名+业名"8个,占24.24%;"专名+通名"5个,占15.15%。从统计结果来看,2017年最多的是"专名"类的商店名称,北京路商店名称是有专名化倾向的。

五 对策与建议

前文只是从存在状态的角度对北京路商业步行街商店名称10年变化进行了4个方面的对比分析,为这个城市最著名的商业街做了一次动静结合的"立此存照"。我们也知道在这10年发展过程中,对比中的种种变化很多是基于国家及地方相关部门正确的语言文字生活的引导管理才会出现的结果,值得充分肯定,但也不可否认,由于社会语言生活本身的复杂多变,仍然会有一些问题需要继续引起我们的注意。从2017年的调查现状来看,有些现象值得我们注意,我们提出以下对策与建议。

(一)语言景观管理要加强

本次调查发现北京路商店名称作为国际商贸中心和国家重要中心城市中的

一组重要的城市语言景观,有些方面需要加强管理。具体表现有:一是商店名称设计的辨识度不高,影响传播,比如有一个卖煲仔饭的商家叫"好彩",见图2,在商店标识中的"彩"就设计得难以辨认;有一家商店取名叫"皕·咖啡",无拼音语符,这个"皕"是一个冷僻字,读为 bì,意思是"二百",恐怕很多人都不认识;二是明明是国内本土的品牌,却刻意将自家包装成外来品牌,如"Mihimihi"和"NEWBAILUNLP"。"Mihimihi"是一家食品类商店,"NEWBAILUNLP"是一家售卖鞋子的商店,从百度上搜索得知,两家公司均为广州本土公司。三是商店名称制作的精美程度与著名商业街是否相称的问题,我们在跟踪统计中发现,作为一个国家重要中心城市的核心商业区,商店名称有的还存在随意手写、招牌陈旧破损、字体大小错杂等不美观情况。

图 2 辨识度不高的商店名称

上述这些情况,应该从语言景观的角度加强管理。我们建议:

1. 工商管理部门要加强广告设计监督管理,鉴于专名化趋势的出现,尤其要从源头上加强对专名的审批与设计,进行更为到位的指导与管理,对广告从业人员及商家设计商店名称标识的传播与辨识可以提出合理化的建议;

2. 城市语言文字管理部门要对商店名称中的随意加仿外文的情况进行分析,建立问题发现和建议沟通机制,及时为商店名称规范提供政策咨询与建设指引;

3. 城市综合执法管理部门对辖区内语言文字景观的管理要有统一的标准与常态化治理的机制,尤其是在核心商业区做好语言景观的整顿与维护工作。目前我们关于语言景观的管理如何在现有相关法律法规的基础上出台相关意见以便综合施策似乎还没有引起政府有关部门的关注,社会共识也还需要进一步形成,学界在这方面还需要做更多的努力。

（二）语言规范的意识要落实

本次调查中也发现有些商店标识应该进一步规范，有些商店的规范意识不强。主要情况有：一是仍然有使用繁体字的情况。应该承认，随着近年来国家发展，规范汉字的使用较以前有了很大的提升，广州地区毗邻港澳地区，商业活动中一定程度存在繁体字也是可以理解的，一些老字号商店注册商店名使用繁体字也是法律允许的，但也有商家随意使用繁体字标示商店名称的情况，如"薄荷葉（餐厅）""易仕達（皮具）"和"膳華牛雜煲"。二是汉语拼音的使用，我们发现商店名称使用汉字的同时使用拼音的并不多，有拼音语符出现的不同组合类型加起来是38家。怎样看待这种标注率不高的问题，当然需要实事求是，是否提倡商家在标写汉字商店名称的同时使用拼音，现在还难以决断，但如果是民族品牌有国际化追求，汉语拼音也不妨是一种选择，如北京路上的国产运动品牌李宁牌的商店名称用汉语拼音来表示就是一例。第三种情况不完全是语言规范问题，但多少与语言文明、语言格调有点关系，比如说有一家"北京片皮鸭"在标识中说"我认真做鸭，做全球好鸭"就有点怪怪的感觉。

基于上述现象，建议如下：

1. 对规范汉字的使用要进一步加强宣传与管理通达的力度。对繁体字除了避免随意使用之外，对于已经注册的繁体字商标在传播中是否具有更大的传播力也不妨多引导商家做一些思考，必要时也不妨建议其同步使用规范汉字进行商标（包括店名）注册使用。

2. 如何对待汉语拼音的使用。汉语拼音是一种辅助汉字读音的工具。《中华人民共和国国家通用语言文字法》第十八条规定："《汉语拼音方案》是中国人名、地名和中文文献罗马字母拼写法的统一规范，并用于汉字不便或不能使用的领域。"照理说，商店名称并不在《国家通用语言文字法》规定的"用于汉字不便或不能使用的领域"及中国人名、地名和中文文献的范围之内，但如果考虑到在国际化背景下如何增强商店名称的传播效力，似乎可允许给店名加注拼音，如何在学理及操作层面进行选择，或许可以在一定范围内进行实践探索。

3. 要持续进行语言文明教育。在社会语言生活中，对于某些语言鄙俗化的倾向，我们要进行比较有力的引导与干预。

（三）国际化的营商环境要引导

广州作为一个国际商贸中心，国际化营商环境的追求对北京路这样的商业核心区来说一定是题中应有之意，在商店名称这个层面如何将这个环境营造得更好肯定是一个值得关注的内容，我们的建议是需要加强建设与引导。从跟踪统计中发现，北京路上这方面的情况有三种：第一种是外来品牌在进行外文标写的同时也进行中文标写商店名称的情况，例如"DUSTO 大东""Baleno 班尼路"和"BOSSINI 堡狮龙"；第二种纯用外文标写商店名称的情况，如"adidas""Cabbeen""OMEGA"；第三种本来是本土公司，但商店名称上只有外文的情况，如"Mihimihi"和"NEWBAILUNLP"。

我们本次（2017年）统计录得纯外文标记的商店共有43家，分属于第二种和第三种情况，第三种情况的出现值得我们关注。关于第一、第二种情况，我们的建议是，外来商品商家在中国开店标写汉字（汉语译名）需要进一步规范引导，对于有的以原型方式（包括先是双语双符后来"复原"成单语单符的情况）直接进入国民生活的品牌商家，我们应该有一种及时引导的策略，做好语言服务工作，防止一定区域范围内的滥用。目前在这方面我们还没有更大的样本来进行观察分析，从有限的观察来看，我们对这种外来商家商店的"脱汉复原"的情况还不是非常清楚，需要学界及政府部门联手来做统计分析规范引导的工作。第三种情况，此前学界的一般看法是批评其"崇洋"，现在恐怕难以一概做这样的评论，在某种意义上，这种状况的后面很可能是对我们营商环境国际化包括整个经济活动国际化的响应，我们要做的是如何使这种"由汉入外"的语符选择行为更加规范有序。很多源自本土的店名品牌一旦换个"马甲"出现的时候，这个"马甲"变换的规则是什么我们不甚了解。虽然国家语言文字的相关法规说汉语拼音是我们进行名称转写的原则，实际上在操作层面突破这个原则的比比皆是，就此恐怕还不能说是商家一意孤行，我们还缺少一些将中文品牌（包括商店名称）转译成目标语言的标准与引导，对于现在各种在本土进行转译显示的品牌商店名称我们也缺少更大范围的调查。有一点我们可以预计得到，这种品牌商店名称"由汉入外"的趋势恐怕会扩大延展，如何做好相关的语言服务工作，这是我们目前应该面对的一个课题。

（刘惠琼）

城中村语言景观调查
——以北亭村为例[*]

北亭村位于广州市番禺区小谷围岛之上,在广州大学城建成之前属于岛上6个行政村之一,主要从事农业生产,是典型的鱼米之村。2004年广州大学城建成后,部分受拆迁影响的村民移居岛外,其他村民仍留居原地。北亭村虽得以保存,但村落景观、人口组成、经济特征等都发生了很大变化。融入大学城之后,在该村西北角建有北亭广场,是一个面积达12万平方米的购物中心。又因北亭村西邻广州大学,东接华南师范大学,这两个学校的生源为其带来了巨大商机,也吸引了不少外来人口。目前该村占地约40万平方米,户籍人口约4300人,流动人口约3000人,已演变成一个集饮食、娱乐、住宿为一体的综合商业区域。

北亭大街是北亭村的主干道,自南向北贯穿整个村子,一直延伸至北亭广场,是该村商业和娱乐活动的主要集中地,最为繁华。本文主要采集该条街道和北亭广场的语言景观,共拍摄照片402张,整理获得有效景观310个。在照片数据的基础上,对北亭村语言景观进行描写和分析,从一个侧面揭示出该地区的语言生态格局、居民语言态度和社会生活状况等信息,从而为城市语言规划提供有益的参考。

一 官方语言景观概况

语言景观研究一般根据标牌创制主体的不同,将采集到的语料划分为"自上而下"和"自下而上"两类。前者是由政府设立的具有官方性质的标牌,如街名、路牌、标语、政府机构名、公益广告等,反映的是当地政府的语言政策和意识形态,本文称之为"官方语言景观"。后者是由城中村居民自己设立的各类商业和

---

[*] 本文为广州教育系统创新学术团队"语言生态与服务研究"(1201620012)、广州大学2017年省级大学生创新训练项目"广州市城中村语言景观与语言生活研究"(201711078098)、广州大学"广州语言生态多样性研究学术团队"(201601XSTD)阶段性成果。

信息标牌,是居民日常生活和语言态度的真实写照,本文称之为"民间语言景观"。

本文共采集自上而下官方语言景观 53 个,其中标语类 25 个,交通、机构、公共设施类标牌 28 个。从组配模式来看,这些官方景观标牌可以分为 3 类(见表1)。

表 1　北亭村官方语言景观组配模式

序号	类型	数量	比例	实例
1	纯中文	39	73.58%	广州市番禺区小谷围街应急庇护场所
2	中文+拼音	8	15.09%	广场路 GUANGCHANG LU
3	中文+英文	6	11.32%	北亭村 Beiting Village

中英双语官方语言景观只有 6 个,占比 11.32%,分别为"北亭村 Beiting Village""公安 POLICE""警察 POLICE"和"广州市历史建筑 HISTORIC BUILDINGS OF GUANGZHOU"(该标牌共出现 3 次,分别指"显扬梁公家塾""青云大街门楼""东林梁公祠")。

中文加拼音官方语言景观共 8 个,其中 6 个为路标,如"西五路 XIWU LU",另外两个为"小谷围街家庭综合服务中心 XIAOGUWEIJIE JIATING ZONGHE FUWU ZHONGXIN"和"星光老年之家福利彩票资助 XINGGUANG LAONIAN ZHIJIA FULI CAIPIAO ZIZHU"。

25 个官方语言景观主要涉及倾倒垃圾处罚、车辆管理、计划生育、流动人口管理、民生治安等方面,全部使用汉字,未出现外文。举例如下:

(1)本村废品已承包,未经许可任何人不得入村收。如有发现,罚款 1000 元。

(2)盗窃破坏电力设备,属犯罪行为,法律严惩。

(3)远离合成毒品,健康成就未来。履行禁毒义务,创建无毒单位。

(4)传承中华传统文化,塑造身心和谐新人。

由上可见,在北亭村官方语言景观中,纯汉字景观占据绝对优势,拼音和外文的使用都比较少见。这说明北亭村作为一个地处孤岛的城中村,相对而言比较闭塞,鲜有外籍人士驻足,因此外文的使用未引起官方注意。

二　民间语言景观概况

(一)语符搭配模式

北亭村自下而上的民间语言景观共采集 257 个,大部分为各类店铺名称或

商贩小摊位名称,从语言文字的类型来看,其内部语符组合模式主要有纯汉字型、纯外文型、混合型 3 类,比例如下:

表 2　北亭村民间语言景观组配模式

序号	类型	数量	比例	实例
1	纯汉字	210	81.71%	山东煎饼、杰盛糖水、福建沙县特色小吃
2	混合型	43	16.73%	TSBakery 提香坊、味道烤肉店 맛이갈고기
3	纯外文	4	1.56%	INFNITE bikes、KTV NEW PARTY

其中,混合型是指汉字跟其他外文共现于同一景观,比例如下:

表 3　北亭村混合型民间语言景观语符搭配格局

序号	类型	数量	比例	实例
1	汉字+英文	41	95.35%	沙拉水果榨汁 Salad Day
2	汉字+韩文	1	2.33%	味道烤肉店 맛이갈고기
3	汉字+阿拉伯文	1	2.33%	兰州拉面 حلال

由上述两表可见,首先汉字在北亭村民间语言景观中的使用占有绝对优势,出现汉字的景观占比 98.44%,且汉字在整体景观空间排列和字体大小上也最为凸显;其次,北亭村民间语言景观也受到外文的影响,主要表现为英文、韩文和阿拉伯文。其中,韩文和阿拉伯文虽有出现,但仅使用 1 次。英文使用 41 次,占比 95.35%,但从景观文字格局来看,英文在位置、字体上都居于汉语的从属地位。全部民间语言景观中仅有 4 个以全英文方式呈现,占比 1.56%。

由于北亭村位居小谷围岛之上,消费人群以大学生和当地居民为主,与外界交流较少,国际化程度低,所以外文的使用频率相对较少。即使有少量外文,也多作为汉字的配注出现。含有外文的语言景观主要针对的消费群体为年轻的大学生,以美食、运动、休闲类为主,例如"BINGO 缤果时""freak berry 舞蹈工作室""THE OLD CLASSMATES BA 老同学酒吧"等。

(二) 音节特征

我们对 210 个纯汉字民间语言景观的音节数量进行了统计分析,音节数量跨度从 2 个到 16 个,无单音节语言景观,具体如下:

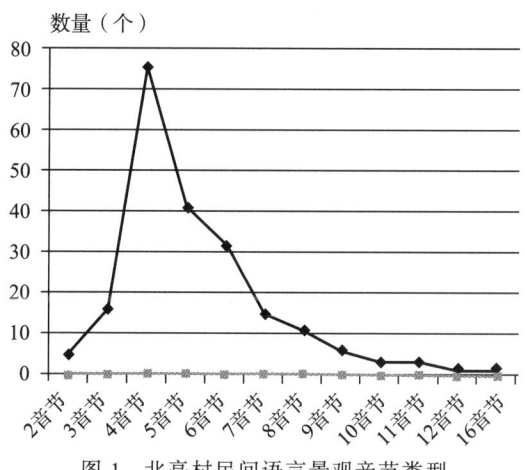

图 1 北亭村民间语言景观音节类型

北亭村民间语言景观的音节数量主要集中在四音节、五音节和六音节,合计占比 70.95%。这 3 种音节类型之所以数量最多,是因为它们是记忆长度和信息容量的最佳结合。首先,从商家的角度看,这 3 种音节类型能够提供足量的信息,又可以兼顾属名、业名和通名,如"徐记面庄""鑫源单车店""广州赋彩学堂",既保证了信息量,又凸显了商店的个性,较为实用。其次,从消费者角度讲,音节越少越便于记忆。但限于信息承载不足,单音节景观没有发现,双音节和三音节也较少,分别占比 2.38% 和 7.62%。而四音节既克服了信息承载不足的问题,也较为符合汉语四字格表达的传统审美,又不会增加记忆负担,因此数量最多。而音节数量超过 10 个的类型,数量较少,这些音节类型虽然满足了信息承载的要求,但加重了记忆负担,也不利于传播和推广,比如"广州市安顺汽车驾驶员培训有限公司""广州市愚公泉贸易有限公司"。

(三)命名要素空位情况

从命名的角度来看,一个完整的名称通常涵盖地名、属名、业名、通名 4 个部分。比如"小谷围鹏美粮油店":其中"小谷围"为地名,标明所在区域,或以某地域为特色;"鹏美"为属名,彰显店铺个性的名号,能够使店铺相互区别,是最为关键的命名要素;"粮油"为业名,凸显店铺经营产品或服务对象的类别;"店"为通名,是对各种商业单位的通用称呼。但实际生活中的景观命名,这 4 个部分往往会呈现出不同程度的空位现象。我们统计了北亭村民间语言景观命名的空位情况,结果如下:

表 4　北亭村民间语言景观命名空位情况

序号	类型	数量	百分比（%）
1	地名空位	242	94.16
2	通名空位	189	73.54
3	业名空位	17	6.61
4	属名空位	17	6.61

由表4可见,北亭民间语言景观名称中的地名和通名空位比较普遍,而业名和属名空位较为少见。其中地名空位高达94.16%,比如"英姐美食""宝家康药业"等,名称中未出现地域信息。但地名空位并不会引起传播或识认问题,所以较为普遍。如果取名时全部冠以"北亭""小谷围""广州"等地域名词,反倒会累赘。通名空位也比较普遍,占比73.54%,比如"过桥米线""兴达五金"。这显示出北亭村的民间语言景观命名较为符合当下时代特征,不再像传统名称那样以"店""铺""行"之类通名结尾。

业名和属名空位较少,均占比6.61%。这两类要素的空位会引发一些识认问题,比如业名空位的"大笑九""魁钺会""迷鹿",从名称中无法获悉该店面是何种性质、经营何种产品。这种名称多是针对大学生年轻群体的店面,较为新异,颇受年轻人青睐。属名空位的比如"五金日杂""秘制猪脚""龙虾盖饭",名称中仅出现具体经营项目,而无专属该店面的个性属名。这类店面在名称传播上受到一定限制,但因其主要经营饮食或日用品,面向本村民众,效益也比较可观。

（四）字频情况

1. 高频字情况

本次采集到的北亭村257个民间语言景观汉字使用共计1146字次,字种数506个。其中281个汉字仅使用1次,占字种总数的55.53%。排在前10位的高频字情况如下:

表 5　北亭村民间语言景观高频字表

序号	字种	次数	频率（%）	序号	字种	次数	频率（%）
1	公	26	2.27	6	食	14	1.22
2	美	20	1.75	7	饭	12	1.05
3	餐	18	1.57	8	味	12	1.05
4	寓	18	1.57	9	家	12	1.05
5	馆	16	1.40	10	市	11	0.96

这些高频字中,有些是通名类汉字,如"公""寓""馆""市";有些是饮食类汉字,如"饭""味""餐""食";"美"和"家"则反映出北亭村居民的汉字情感喜好。这种情况的出现,一方面跟北亭村的地理位置相关,由于其临近广州大学和华南师范大学,在饮食和住宿方面吸引了大量大学生;另一方面由于当地居民文化水平不高,在汉字情感态度上,"美""家"等较为传统的褒义汉字用得较多。

2. 繁体字情况

在北亭村采集到的 257 个民间语言景观中,使用繁体字的有 12 个,占比 4.67%,具体如下:

湘黔廣告、達文廣告、勝與超市、蘭亭居客棧、新龍食品店、廣聯百貨、樂食屋、名龍廣告裝飾、龍记臺灣大碗面、源濟堂藥房、林記美食、車田情酒家

使用繁体字的景观主要集中在广告设计、饮食、住宿和百货类,但更值得一提的是村里留下来的老祠堂,里面所有的文字均为繁体。比如村中的梁氏宗祠,门前对联为"永懷先祖基業鞏固誠守團發展,思念伯仲宗親枝繁葉茂振家聲"。北亭村历史悠久,可追溯到明清时期,遗留下了许多如梁氏宗祠这样的古建筑。这里是村民们平日聚集谈天说地的地方,也是孩童玩乐的场所,更是整个村子的灵魂和精神所在。由于宗祠为繁体字环绕,即便村民文化水平总体不高,但普遍对繁体字有一种亲切感。

(五)小广告景观概况

在北亭村民间语言景观采集过程中,我们还拍摄到各种类型的小广告共 137 个,贴附在墙壁、井盖、下水管、地面等。总体上可以将其分为 3 类(比例见图 2):(1)民生消费类,比如疏通下水道、家电维修、搬家拉货等,直接跟居民生

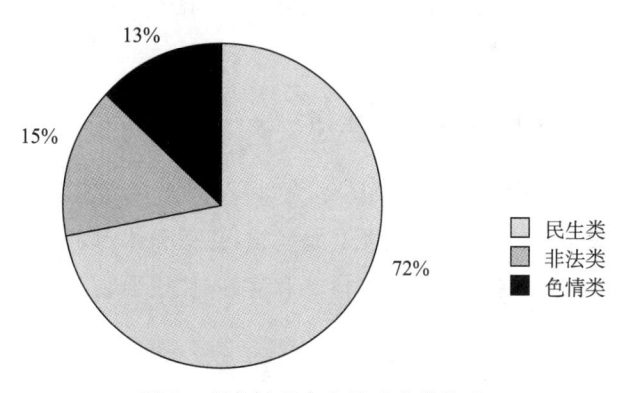

图 2 北亭村小广告景观分类情况

活息息相关,有较大的经济市场;(2)非法信息类,比如信用借贷、办证刻章、出售发票等,这类小广告涉嫌违法,通过非正当渠道办理各种事项,不少带有诈骗成分;(3)淫秽色情类,比如所谓男女公关招聘、特色服务、保健按摩等,带有明显的色情成分,往往配有露骨的图片。这些小广告也是城中村语言景观不可忽视的一部分。

三 问题与思考

北亭村作为广州众多城中村中的一个,尚未得到综合治理,但又因其在地域上被大学环绕,整体面貌上又不同于一般的城中村。总体看来,北亭村语言景观是由村委会、本地村民、外来务工人员共同创制出来的,语言文字使用不规范现象较多,有不少用字、拼音、缩写、翻译等存在失范现象。此外,还有一些问题值得我们思考。

(一)可增加适当外文指引

中文的使用在各类景观中占绝对优势。虽然也出现英文、韩文、阿拉伯文三种外文,但数量匮乏。这跟北亭村的相对封闭性有关,其地处小谷围岛,除大学生时常光顾外,较少有外国人到此,所以政府和商家在设置景观标牌时并未有意增添外文元素。不过近几年,随着大学城外籍学生的增多,越来越多的外国人开始光顾城中村,因此适当的外文指引是必要的。

(二)适当规范、引导和监督

语言景观设计总体来看较为随意、无序,缺乏必要的引导与监督。北亭村语言景观给人的第一感觉是较为杂乱,绝大多数城中村都是如此,但由于其临近大学,相比其他城中村在文化氛围上具有优势,适当规范、引导和监督还是必要的,尤其是针对非法和色情类语言景观。

(三)内容要更贴近大学生生活

北亭村各类商铺的主要消费群体是大学生,因此各类民间语言景观的设置较为贴近当下大学生的生活喜好,尤其是餐饮、住宿和休闲3类。商家在制作景观标牌时,如果有意识考量大学生的情感和喜好,往往会取得更好的传播效果和经济效益。

(郭 杰、吴星虹、刘婧妤)

地铁站名命名状况*

2017年是广州地铁(轨道交通)开通20年。站名浓缩了一座城市的地理、文化、历史与发展,地铁既是方便市民出行的一种工具,也是城市的名片。广州地铁在站名命名方面有许多值得借鉴的经验,本文就广州地铁1—8号线、APM和广佛线10条线路(除去重复的换乘站)共计150个站名命名进行考察分析,希望为广州未来地铁站和其他城市地铁站的命名提供借鉴。

一 命名类型及特点

(一)以历史文化景点、地标公园命名

地铁站名是一个城市的标签,穿梭在城市间的地铁,也是穿梭在地理历史文化的网络之中。广州作为一个具有深厚历史底蕴的城市,在全市范围内有着相当多的历史景点,同时,拥有"花城"美誉的广州也有众多美丽的公园,因此,在地铁站名的命名过程中,充分考虑了这些著名的历史和文化旅游景点对于打造广州文化窗口的作用。在150个站名中,以历史文化景点和公园命名的共计24个,占比16%。分别是:陈家祠、西门口、公园前、农讲所、烈士陵园、体育中心、市二宫、海珠广场、纪念堂、越秀公园、飞翔公园、白云公园、白云文化广场、番禺广场、广州塔、动物园、团一大广场、植物园、海心沙、大剧院、黄花岗、文化公园、珠江新城、妇儿中心。站名命名是因为这些地铁站建设的地方都是在这些景点的附近。

农讲所站是广州地铁1号线的一座车站,因地面有广州市农民运动讲习所而得名。农讲所是革命遗址及革命纪念建筑物,它是为当时适应蓬勃发展的农民运动形势而创办的,毛泽东、周恩来、恽代英等曾在此授课,为中国共产党培养

---

* 本文获2017年广州市统一战线"我为广州发展献一策"活动优秀成果优秀奖。

了大批农民运动骨干。纪念堂站是广州最具标志性的建筑物之一,纪念堂是广东省及全国重点文物保护单位,是广州人民和海外华侨为了纪念伟大的民主革命先行者孙中山先生而筹资兴建的纪念性建筑物,地铁纪念堂站以此命名。自划分以珠江新城为圆心的新的广州市中轴线以来,珠江新城及周边的建筑就肩负着广州名片的责任。因此将珠江新城站归类为文化地标。

表1 历史文化公园等站名

历史	文化地标	广场、公园
陈家祠	市二宫	海珠广场
西门口	白云文化广场	越秀公园
公园前	广州塔	白云公园
农讲所	海心沙	飞翔公园
烈士陵园	大剧院	番禺广场
纪念堂	体育中心	动物园
团一大广场	珠江新城	植物园
黄花岗	妇儿中心	文化公园

(二)以交通枢纽命名

地铁与重要交通枢纽的接驳,可减轻路面的行车压力,提高城市整体的运输能力,从交通枢纽发散来看,每一个交通枢纽地都承载着大量的人流,地铁的接驳能快速疏散人群,提高交通枢纽对外的整体运力。广州地铁以交通枢纽命名的地铁站共6个,占比4%,分别是:广州东站、广州南站、广州火车站、天河客运站、机场南、中山八。其中,广州东站和广州火车站同时具备动车和客运两种运输方式,广州南站是单纯的动车站,天河客运站是单纯的客运站。广州火车站既有火车站同时也有省客运站和市客运站,但是一般来说,会采取就重原则,就是同类型的站名选取中,会倾向选择更大和更出名的地方为站名。值得注意的是,从中山一路到中山八路,仅仅中山八路直接以路名为站名。中山八被归类为以交通枢纽命名,最主要原因是中山八有一个非常悠久的公交枢纽和气站。公交站场连接荔湾区和芳村区(后合并为荔湾区),同时停靠数十线路的公交,客容量相当惊人。不仅如此,在旧时气站没有普及而多数汽车需要加气的情况下,大量的汽车、的士都会往中山八开,一定程度上奠定了中山八的交通枢纽地位。

表2　交通枢纽站名

方式	站名	
机场	机场南	
客运站	天河客运站	广州东站
动车	广州南站	广州火车站
市内交通	中山八	

（三）以路、大道命名

考察的广州地铁站中以"××路""××大道"命名的共10个，占比6.7%，分别是：长寿路、体育西路、江泰路、科韵路、一德路、北京路、花城大道、黄埔大道、宝岗大道以及白云大道北。此类型站名与路面交通关联性非常密切，不能随便去掉"路"或"大道"，否则会给使用者带来极大的不便。此类站名与路面路名一致，有利于市民的日常使用以及浏览者快速了解路况。此处将白云大道北归入以路、大道命名，主要是考虑该路段整体为白云大道北，因此不再纳入方位命名中。

表3　路、大道站名

路	长寿路	体育西路	江泰路
	科韵路	一德路	北京路
大道	花城大道	黄埔大道	白云大道北
	宝岗大道		

（四）以"地方+方位"命名

"地方+方位"的命名方式是广州地铁站名命名的一个特点，它的产生主要是基于广州地铁的覆盖非常广，通常在同一个范围会出现一个以上的地铁站，因此通常以"地方+方位"的方式加以区分，此外，该地铁站可能在广州整体的地理位置上有明显的方向偏向，从而在命名特色上就具有"地方+方向"的特征。在考察的范围里广州共有9个地铁站具有此特征，占比6%，分别是：东晓南、车陂南、天河南、体育中心南、江南西、林和西、大沙东、新港东以及沙河顶。其中，"顶"并非严格意义上的方位词。但是鉴于地铁站中，同时有沙河站以及沙河顶站，符合同一范围内出现一个以上的地铁站的特征，故将其归纳至以"地方+方位"命名的规则当中。

表 4 "地方+方位"站名

区分作用	车陂南	天河南	体育中心南
	大沙东	沙河顶	
地理因素	东晓南	江南西	新港东
	林和西		

（五）以"地方+"命名

此处的命名方式与"地方+方位"命名稍有区别，除去方位词外的后缀都归为这类。该类共 6 个站名，占比 4%，分别为南村万博、黄阁汽车城、京溪南方医院、嘉禾望岗、汉溪长隆和石牌桥。其中有 3 个站名属于地段推广：南村万博站出口是一个著名的购物店，而实际的万博路离地铁站有相当的一段距离；而黄阁汽车城站命名，一是区别于黄阁地铁站，二是对黄阁的汽车城的一个推广；汉溪长隆是最为直接的一个推广，该地段本来是汉溪大道，但是长隆集团的进驻给区政府甚至是市政府带来可观的收益，所以地铁站在命名的时候添加了企业为站名，既可以打造番禺的旅游文化名片，同时地铁站也可以收取一定的费用。而京溪南方医院和嘉禾望岗则属于该区域两大站名点的相加，方便了人民群众。

（六）以高校名称命名

以高校名称命名的地铁站共 4 个，占比 2.7%，分别是中大、华师和大学城南和大学城北。广州高校林立，而且大多历史比较悠久，具有一定的知名度和影响力，甚至在大学附近已经形成以该大学为圆心的生活圈和商业圈。采用高校名称直接命名的另一个原因是该地铁线路规划恰好是该高校的范围圈且周围的站名已经采取该命名方式，多维度的重合使得以高校名称命名是最适合的方式。同时，也可以将广州学术名片通过交通方式进行更好地推广。其中，大学城南和大学城北应该归为"地方+方位"的命名方式，考虑到地形位置以及大学城作为广州学术名片的影响因素，故本文将其归为以高校名称命名的方式。

（七）以自然地貌命名

自然地貌指的是该地区自身的地貌，主要是山、河等地理因素，但不仅限于此。部分地方在命名的过程中充分考虑到地貌的影响，从而得出一系列具有特色的站名。尽管这部分站名的划分与村镇、街道或者其他行政区域的划分方式有某部分重合,但是因为它具有一定数量且无法忽视,因此本文将独立列出来进行分类分析。

受自然地貌影响的命名共19个,占比12.7%,共分为六大类:(1)以山为名,代表站名为五山。五山的由来是该地区被五座山头环绕,分别是嵩山、茶山、黑山、象岗山和凤凰山。(2)以岗为名,代表站名有昌岗、萧岗、岗顶、浔峰岗、暹岗、赤岗、员岗、萝岗。岗,高起的土坡。广州之所以有这么多叫岗的地方,是因为广州是临江城市,古时候大部分地区都是出于水下,故高起的地方称之为岗。(3)以沙为名,代表站名为磨碟沙。退潮时或枯水期才露出水面的叫"沙",磨碟沙因古时观看形似碟片,被水打磨,故名为磨碟沙。(4)以滘为名,代表站名有厦滘、沥滘以及滘口。在广东省内,滘特指水相通处。我们可以从地图中看出,此三处地方均在临水的地方。(5)以涌为名,代表站名有东涌和低涌。涌的意思是河汊。(6)以洲为名,代表站名有金洲、琶洲、南洲和官洲。洲,水中的陆地。所以我们不难判断出这些地方附近有水环绕。

以自然地貌命名的方式主要是以上6种,其中我们可以看出自然地貌在命名过程中起到的作用,受地理因素影响还是十分深远的。主要原因是在早期命名的过程当中,人们并没有太多可以依循的例子和标志性的建筑,更多是根据所处位置的具体形式进行命名。

(八) 以居住地、村庄命名

地铁的建设是为了方便人们的出行,缓解路面交通的压力,因此广州地铁站名很多是以临近的居住区或村庄进行命名。以居住地、村庄命名的共计72个,占比48%。1号线7个站,2号线7个站,3号线11个站,4号线10个站,5号线15个站,6号线15个站,7号线3个站,8号线4个站。

1号线:西朗、坑口、花地湾、芳村、黄沙、东山口、杨箕;2号线:石壁、会江、南浦、洛溪、三元里、江夏、黄边;3号线:市桥、大石、大塘、客村、燕塘、梅花园、同和、永泰、龙归、人和、高增;4号线:蕉门、黄阁、庆盛、海傍、石碁、官桥、新造、万胜围、车陂、黄村;5号线:坦尾、西场、西村、小北、淘金、区庄、五羊邨、猎德、潭村、员村、东圃、三溪、鱼珠、大沙地、文冲;6号线:横沙、沙贝、河沙、如意坊、东湖、沙河、天平架、苏元、金峰、黄陂、高塘石、柯木塱、龙洞、长湴、香雪;7号线:谢村、钟村、板桥;8号线:凤凰新村、沙园、鹭江、晓港。

五羊邨站:五羊邨与广州"羊城"之称的由来密切相关。传说在两千多年前周夷王时,广州海天茫茫,遍地荒芜,人们辛劳终日难得温饱。一日,天空仙乐缭绕,有五位仙人身穿五彩衣,骑着口含六束谷穗的五只羊飞临广州,把谷穗留给广州人,并祝愿这里年年五谷丰登永无饥荒,然后驾云腾空而去,羊化为石。从此,广州成了富饶的地方,这动人的传说世代相传,广州也因此得名"羊城""穗城"。而五羊邨之"五羊",也脱胎于此传说。

猎德站:西汉著名思想家扬雄在其著作《学行》中有"耕道而得道,猎德而得德"的句子,猎德的意思是追求完美的道德,村中人认为这就是村名的来源。猎德涌从村中流过,将村庄分为东、西村,一河两岸景色秀美。猎德地处北回归线以南,气候温和,雨量充沛。从宋朝开村,猎德至今已有800多年历史,可谓历史悠久,人杰地灵,古迹众多。

二　经验和启示

广州地铁未来规划是在加强城区联系的同时,支撑与萝岗区、番禺区、南沙区、花都区、增城区、从化区的互联互达,根据《广州市城市轨道交通第三期建设规划(2017—2023年)》的设想,到2023年广州将形成18条线路、总长800公里的轨道交通。另外,据不完全统计全国已有80%以上的省会城市正在开通或延长已开通的地铁线路,现有的广州地铁在站名命名和服务功能方面有许多值得借鉴的经验,下面的分析希望为广州日后增添的地铁站及其他城市地铁站的命名和服务提供参考。

(一) 站名使用中英标识,增添数字编码

广州地铁站名标识中的每一标准文字都以中英文两种文字出现,中英文比例得当,中文在上方,英文在下方。符合国家规定标准中英双语文字标识,使每个人(包括外国乘客)能同样地获取信息,既体现了人性化的导向设计,又反映出城市开放性和国际化的文明程度。

随着地铁的完善和推广,乘坐地铁的人除了中青年人还包括老年人、小孩子以及外国人,对于他们来说也许生字就会更多,广州地铁在中英标识命名的基础上,在车站、站台和屏蔽门都增添了数字编码(如图1、图2),完善了现时导向系统仅有中英文标识,有利于老人、小孩儿、外国人等特殊群体快速、简单识别,寻人、定位会更加方便和精确。

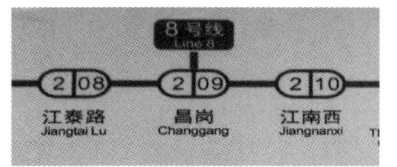

图1 8号线   图2 官洲站

（二）适应发展更改站名，站名音节和结构合理

站名更改的花费成本很高，但为更好地服务市民和展现城市风貌，部分站名进行了更改。如：为展示广州作为近现代革命起源地的重要地位，越秀南站更名为团一大广场站；为顺应旅客需求，刺激观光旅游，赤岗塔站改为广州塔站；为符合广州特色文化，五羊新城站改为五羊邨站；为保留历史古村记忆，奥林匹克中心站改为黄村站；为提高大学知名度，北亭站改为大学城北站，南亭站改为大学城南站；为提高企业影响力，汉溪站改为汉溪长隆站。

图3 五羊邨站

我们统计了1—8号线、APM和广佛线10条线路站名音节，音节在2—6个字之间分布。其中两个字的站名约占52.7%，3个字的约占27.3%，4个字的约占14.7%，5个字约占4%，6个字的约占1.3%。在站名字数上，多采取了2—4个字的站名，做到了简洁，同时方便日常使用者，因此我们认为这方面做得较好。从站名词语结构看，以偏正为主，如"广州火车站""番禺广场""珠江新城"等。也有少部分属方位词组，例如"江南西""大沙东""大学城南"等。上面命名方式充分体现了结构顺应的原则，与人们的语用习惯相符。

（三）站名保留历史文化，彰显时代精神

地铁站名是城市地理历史文化名片。广州将一些有历史文化价值、有纪念意义的事件、著名景点和知名学校等作为站名而呈现，展示了广州特色，彰显着时代情怀。如 1 号线有烈士陵园、农讲所，2 号线有纪念堂、越秀公园，3 号线有广州塔、汉溪长隆，4 号线有大学城北、大学城南，5 号线有动物园、员村，6 号线有文化公园、团一大广场，7 号线有南村万博、板桥，8 号线有中大、琶洲，APM 线有大剧院、海心沙，广佛线有祖庙、千灯湖、季华园、世纪莲，等等。

陈家祠是广东现存祠堂中最富有广东特色的艺术建筑群，代表了广府文化中建筑装饰艺术的高度，是全国重点文物保护单位，两度入选"新世纪羊城八景"，被誉为"广州文化名片"。地铁"陈家祠站"以陈家祠命名，展现了广州独有的历史文化特色（图 4）。

团一大广场站设在团一大广场，展示了广州作为近现代革命起源地的重要地位，此站站厅设有以"高举党旗跟党走 奋力实现中国梦"为主题的文化艺术墙，作为对青少年进行爱国主义教育和革命传统教育的重要阵地和场所（图 5）。

广州塔主色调为乳白色，代表圣洁、祥和。广州塔站是广州地铁 3 号线及珠江新城旅客自动输送系统 APM 线的换乘站，是广州地铁首个为观光需要而建的地铁站，具有很强的时代感（图 6）。

图 4　陈家祠站　　　　图 5　团一大广场站　　　　图 6　广州塔站

三　问题与建议

广州地铁站名命名有许多特色和优点，但是部分站名命名也有值得商榷的地方，下面将以若干实例讨论其不足之处，并提出建议以供参考。

（一）命名没有遵守服务片区原则

例如：新港东站。新港东路是海珠区东北部一条道路，新港东站命名是以道路命名，但是 8 号线过了赤岗站往东行驶后，沿途的磨碟沙、新港东、琶洲、万胜围这 4 个地铁站都位于新港东路上。新港东站位于马路中间，这个站涵盖了整条新港东路,若有人正好前往新港东路某个地方,就会在新港东下了地铁,然而前往的地方可能在另一个站附近,这样就会造成一定的误判。在一条路很长时,用一条路名来代替地铁站一个点的位置,有时不能给旅客提供精准的方位指示,甚至会误导旅客。地铁站命名遵循一定的范围会更合适,所以我们建议要在新港东路完善导向标识系统,地铁站的出入口处加装指示牌的导引系统,优化引导服务,增强群众更多方向感和归属感。

图 7 新港东站出口附近

(二) 英文译名中的问题

部分站名翻译时错误传递汉语字义。如:广州大学城的官方译名是 Guangzhou Higher Education Mega Center,其中"Mega"指"百万",引申为巨大之意,那么将广州大学城的官方英文译名译成汉语则为"广州高等教育巨型中心",显然词不达意。相应地,地铁站"大学城北(南)"译作"Higher Education Mega Center North(South)"也不是很好。建议可参考国外对这类情况的翻译,英国把 University Ave 和 College Street 进行组合,译为 University Town。

再如:农讲所如今被当作文化遗产保留起来,已不再是当年的教授科学文化知识的农讲所了,其当年英文译名"Peasant Movement Institute"中的"Institute"为学院、研究所之意,如果现在还这样用,容易使人认为这里如今仍是一所研究和教授农民运动理论的学府。根据实际情况把农讲所英文译名改为"Former Peasant Movement Institute"才更恰当。建议今后地铁站名英译时应遵循"名从主人、专名音译、通名意译"原则,完善城市公共交通的英文标识,更好优化广州国际服务环境。

(三)站名与实际地名不符

例如:体育中心站。体育中心站实际上是处于体育东路上,它与体育中心还有一定距离,从体育西路站到天河体育中心的距离与从体育中心站到天河体育中心的距离相差不远,所以去天河城广场和正佳广场时,常考虑在体育中心还是体育西路下。体育西路站取名于所处的马路,如果按照体育西路站命名方法的话,这里叫体育东路站更准确。

图8 体育中心站

再如:广州地铁2号线飞翔公园、白云公园、白云文化广场3个站点虽然有站名,却找不到实际公园场所,白云公园建成一年后已经被改为广州市儿童公园,白云公园、飞翔公园等地铁站名脱离实际情况,与所在地名称不一致,无法反映当地人文风情与公园特色,与规划和建设不协调。《广东省地名管理条例》《广州市地名管理条例》明确要求:车站的命名要与实际地名相符。建议根据以上条例完善站名,应做到站名与周边环境相一致。

站名对提高市民出行效率和改善生活质量发挥着重要作用。通过上面考察分析可以发现,广州地铁站名有着很强指位性、简洁和易识易记的特点。总体看广州地铁站命名以人为本,遵守了国家和省、市有关法律、法规、规章,在保护城市文化遗产,促进公共交通标识体系方面规范有序。

(徐朝晖、蔡芷妍)

酒店命名现状调查

本报告所指"酒店"是指为旅客提供临时休息或住宿的地方。自古至今,酒店的称谓有很多,如"驿馆""驿舍""馆舍""旅舍""客栈""客店""客舍""客馆""栈房""旅店""旅馆""旅社""宾馆""饭店""招待所"等。

本报告根据广州市旅游局公布的《星级酒店名录》和广州地区酒店行业协会公布的会员单位以及实地调查,共选取了广州市1048家酒店的名称作为调查分析对象,对酒店名称的音节、通名、专名使用情况进行了统计分析,并剖析了酒店的命名特色,提出了相关建议。

一 音节数量分布特点

本报告所指的音节既包括汉字的音节,也包括数字、字母和外语单词的音节。我们对收集到的广州市1048家酒店名称的音节数量进行了分类统计,统计结果如表1。

表1 广州酒店命名音节数量分布表

音节数	酒店数量	所占比例(%)	酒店名称举例
3音节	4	0.40	再公寓
4音节	309	29.49	花园酒店
5音节	143	13.65	中国大酒店
6音节	322	30.73	文化假日酒店
7音节	108	10.31	广信江湾大酒店
8音节	94	8.97	凯旋华美达大酒店
9音节	36	3.44	广东亚洲国际大酒店
10音节	19	1.82	广州中心皇冠假日酒店
11音节	8	0.78	科学城华夏国际商务酒店
12音节	4	0.40	广州新好景饮食娱乐大酒店
13音节	1	0.01	广州东圃合景福朋喜来登酒店
总计	1048	100	

统计结果表明，广州市酒店名称的音节数排名前4的依次是6音节、4音节、5音节、7音节，它们占总数的84.18%。

6音节酒店名称数量居首。其整体音节排列式有以下几种：

(1)2+4式，即由两个音节的专名结构加上4个音节的通名结构构成，如"军创国际酒店""文化假日酒店""旺族商务宾馆""万泰连锁酒店"等，4个音节的通名结构有利于对酒店的类型、服务范围进行说明。

(2)4+2式，即由4个音节的专名结构加上两个音节的通名结构构成，如"鹅潭风景旅舍""北溪六号别墅"等，4音节的专名结构有利于对酒店的特色做具体说明。

(3)3+3式，即由3个音节的专名结构加上3个音节的通名结构构成，如"新瑶发大酒店""威利斯大酒店"等，这种构成方式相对较少。

6音节的酒店名称音节对称、区分度高、易于记忆，所以使用数量也最多。

4音节酒店名称数量排列第二。其音节排列式是2+2，即由两个音节的专名结构+两个音节的通名构成，如"白云宾馆""长广酒店"等，这种音节构式对称、平衡，易说易记，而且区分度也高。

5音节酒店名称数量排列第三。其音节排列式是2+3或3+2，前者由两个音节的专名+3个音节的通名结构组成，如"中国大酒店""明珠大酒店"，后者由3个音节的专名结构+两个音节的通名结构组成，如"喜尔宾酒店""白天鹅酒店"，这两种音节排列式比较均衡，区分度较好。

7音节酒店名称数量排列第四。其音节排列式有4+3、3+4、5+2几种，如"广州海员俱乐部""九龙湖公主酒店""软银数码港酒店"等，这3种音节排列式音节也比较对称，意义区分度也较好。

其他音节数的排名依次是8音节、9音节、10音节、11音节、3音节、12音节、13音节。

3音节由于音节过少，区分度小，很难说明酒店的特色，而且音节也不对称，所以数量很少。8到13音节，虽然整体音节加多了，表达的内容更丰富了，但记忆的难度也加大了，所以随着音节加长，其数量也呈递减趋势。

二 通名

通名是对事物的一般称谓。酒店名称的通名就是酒店的一种通用称谓。广

州市1048个酒店名称,有32个通名。详见表2。

表2 广州市酒店名称通名统计

序号	通名	酒店命名实例	数量	比例(%)
1	酒店	花园酒店、爱群大酒店	600	57.25
2	公寓	广达公寓、奥汀斯公寓	237	22.62
3	宾馆	东方宾馆、白云宾馆	103	9.82
4	大厦	广东大厦、中国市长大厦	23	2.19
5	连锁酒店	万泰连锁酒店、乐居连锁酒店	17	1.62
6	旅舍	绍贤旅舍、金羽青年旅舍	9	0.86
7	客栈	途安客栈、航空客栈	8	0.76
8	度假村	华辉度假村、鸣泉居度假村	7	0.68
9	山庄	百花山庄、碧海山庄	5	0.47
10	公馆	敏捷时空公馆、金色阳光国际公馆	5	0.47
11	(会议)中心	芙蓉会议中心、广州华茂中心	4	0.38
12	旅社	等花开青年旅社、知了国际青年旅社	3	0.28
13	住宿	和谐住宿、安曼商务住宿	3	0.28
14	饭店	东方国际饭店、皇家国际饭店	2	0.18
15	旅店	时代旅店、水景台旅店	2	0.18
16	旅馆	蓝雀旅馆、怡安旅馆	2	0.18
17	村	番禺粤海村	1	0.10
18	酒店连锁	布丁酒店连锁	1	0.10
19	旅馆连锁	99旅馆连锁	1	0.10
20	驿馆	首选驿馆	1	0.10
21	农庄	山乡居农庄	1	0.10
22	别苑	丽景别苑	1	0.10
23	e家	浪漫e家	1	0.10
24	会所	御养坊会所	1	0.10
25	馆	广东迎宾馆	1	0.10
26	假日	华盛假日	1	0.10
27	山谷	香江健康山谷	1	0.10
28	港湾	航空港湾	1	0.10
29	hotel	V-Hotel	1	0.10
30	俱乐部	广州海员俱乐部	1	0.10
31	游艇会	南沙游艇会	1	0.10
32	招待所	广东省气象局招待所	1	0.10
33	无通名	锦江之星、莫泰168	2	0.18
	总计		1048	100

从统计的情况来看,酒店通名运用排名前三的依次是"酒店""公寓"和"宾馆",这3种通名就占了总数的89.69%。

"酒店"一词作为通名是改革开放以后才在中国大陆出现的,现在已普遍被接受。"公寓"是指可供多户人家居住的寓所,为多层或多排的住宅建筑物,属于住宅范围,原本不用于酒店的称谓。但随着商业地产的发展,酒店式公寓也得到了快速发展,于是"公寓"也可以代指"酒店",并逐渐替代了传统的"饭店""旅馆""旅店""旅社"等称谓,成了位居第二的酒店通名。"宾馆"属于传统上的酒店通名,虽然仍位居第三,但只占"酒店"的六分之一强,不到"公寓"的二分之一。值得注意的是,由于新的经营模式和经营理念的发展,"连锁酒店""酒店连锁""度假村"等新的通名也逐渐被运用开来。传统上曾用的"旅舍""客栈""馆驿"等通名还有一定的出现频率。计划经济时代曾经非常流行的酒店通名"招待所"在我们的样本中只出现过一次。调查样本中还出现了"山庄""农庄""住宿""别苑""会所""山谷""港湾""游艇会""俱乐部""村"等新的通名。这反映了广州酒店经营主体多元化、经营手段多样化的特点。

考察中发现,很多酒店的通名前往往加上了一些表明酒店经营特色的类化修饰成分,它们与通名直接相连,我们称之为通名类化修饰语。如"大""国际""商务""主题"(公寓)、"假日""连锁""精品""快捷""度假""亲子""青年"(旅社)、"时尚""酒店式"(公寓)、"航空"等。这些修饰成分使用率较高,反映酒店的经营理念和经营特色。通名类化修饰语具体使用情况见表3。

表3 广州市酒店通名类化修饰语使用情况统计

序号	通名类化修饰语	酒店命名实例	使用次数
1	大	中国大酒店	119
2	国际	军创国际酒店、维也纳国际酒店	95
3	商务	江南商务酒店、大舜晶华商务酒店	87
4	主题	牵手主题公寓、海贼王主题公寓	44
5	假日	尚品假日酒店、花园假日公寓	31
6	连锁	万泰连锁酒店、乐居连锁酒店	30
7	精品	金都精品宾馆、欢乐住精品公寓	24
8	快捷	乐泰快捷酒店、365快捷公寓	19
9	度假	祈福度假公寓、文轩苑度假中心	16
10	服务	喜润服务公寓、她他会服务公寓	16
11	亲子	亚特兰亲子酒店、奇幻旅馆亲子公寓	12
12	青年	金羽青年旅舍、等花开青年旅社	10
13	时尚	美晨时尚酒店、加州时尚公寓	7
14	酒店式	嘉苑酒店式公寓、金来源酒店式公寓	6
15	航空	航空客栈、机场航空公寓	5

如表3所示,作为通名的类化修饰语的"大"使用了119次。"大"字主要用于直接修饰"酒店"这个通名,构成"大酒店",如"中国大酒店""华厦大酒店"等,它主要强调酒店的规模和档次。在我们的调查样本中,冠以"大酒店"之名的酒店属于二星级以上的酒店有62家,其中五星级7家,四星级13家,三星级33家,二星级9家。它体现了广州地区酒店服务业的发展水平。"国际"使用了95次,它反映了广州酒店服务的国际化趋势。"商务"使用了87次,这体现了广州作为国际化商贸中心城市的酒店服务特色。"主题""假日""连锁""精品""快捷""度假""服务""亲子""青年""时尚""酒店式"等类化修饰语的高频使用,反映了广州酒店服务专业化、个性化的发展趋势。"航空"这一类化修饰语的高频使用,则反映了广州作为国际综合交通枢纽,其航空服务业的发展水平。

三　专　名

(一)专名用字的频次

我们对广州市1048个酒店名称的专名用字频次(3次以上)情况进行了统计,按频次的多少排列,具体用字频次见表4。

表4　广州市酒店名称专名汉字字次统计表

专名单字	出现次数	专名单字	出现次数	专名单字	出现次数	专名单字	出现次数
广	78	园	22	中	15	来	12
州	47	江	21	国	15	盛	12
华	41	凯	21	威	15	阳	12
家	40	斯	21	顿	15	悦	12
东	40	新	20	福	14	香	12
海	38	云	20	尚	14	富	12
美	32	湾	19	皇	14	方	11
丽	32	龙	19	都	14	粤	11
金	30	逸	19	泰	14	万	11
尔	29	乐	18	利	14	喜	11
天	28	景	17	莱	14	庭	11
花	27	珠	17	达	13	汇	11
城	27	山	17	雅	13	银	11
南	25	豪	16	港	13	林	11
嘉	25	柏	16	光	12	思	11
星	22	泉	16	怡	12	河	11

(续表)

鸿	11	奥	8	番	6	多	4
思	11	冠	7	禺	6	信	4
艺	10	北	7	凤	5	远	4
佳	10	九	7	胜	5	洋	4
德	10	锦	7	茂	5	岭	4
温	10	易	7	红	5	宝	4
会	10	蓝	7	化	5	聚	4
维	10	盈	7	凤	5	好	4
心	10	迎	7	堡	5	西	4
亚	10	米	7	森	5	礼	4
白	10	高	7	水	5	叶	4
渝	10	沙	7	溪	5	欧	4
爱	10	壹	7	隆	5	木	4
航	10	优	7	百	5	桔	4
特	9	登	7	遇	5	五	4
苑	9	长	7	旺	5	馨	4
如	9	纳	7	帝	5	枫	4
居	9	时	7	瑞	5	地	4
源	9	客	6	八	5	莲	4
轩	9	希	6	骏	5	派	3
合	9	酒	6	季	5	同	3
拉	9	店	6	春	5	桐	3
明	9	式	6	永	5	吉	3
安	9	哈	6	黄	4	发	3
文	8	伦	6	马	4	铁	3
空	8	碧	6	晶	4	廷	3
和	8	运	6	信	4	情	3
驿	8	成	6	世	4	千	3
曼	8	丰	6	京	4	亿	3
力	8	兴	6	太	4	裕	3
卡	8	洲	6	润	4	桂	3
荣	8	圣	6	顺	4	松	3
一	8	侨	6	缘	4	煌	3
湖	8	菲	6	御	4	四	3
君	8	峰	6	兰	4	谷	3
友	8	子	6	群	4	凰	3

从上表中可以看出,位居前10的高频专名汉字分别是"广"(78次)、"州"(47次)、"华"(41次)、"家"(40次)、"东"(40次)、"海"(38次)、"美"(32次)、

"丽"(32次)、"金"(30次)、"尔"(29次)。高频专名汉字的使用体现了广州酒店命名专名用字的特点。

(二) 专名用字的特点

1. 高频使用特定地名用字,凸显广州地域特色

"广""州""东""南""珠""粤"等汉字在广州酒店名称专名中属于高频字,这些字大多用于标示酒店所属地区和方位,凸显广州地域特色。广州是广东省(简称"粤")的省会,地处中国南方,濒临南海,珠江穿城而过,又是东方贸易大都会。所以用上述汉字标示酒店的属地和方位较为常见,如"广钢大厦""广东大厦""广州宾馆""珠江宾馆""海珠酒店""广东迎宾馆""南方大酒店""粤安大酒店""岭南春酒店""广东珠岛宾馆""东方国际饭店""星粤国际公寓""东方丝绸大厦""南航明珠大酒店"等。

2. 高频使用"华""龙"二字,传递中华家国情怀

在广州酒店名称专名中,"华"字使用了41次,"龙"字使用了19次。"华"多指中华,"龙"是中华民族的象征,它们用字排名靠前,说明广州市酒店命名中体现出强烈的家国情怀,如"华盛假日""华泰宾馆""新华大酒店""九龙大酒店""鼎龙国际大酒店""华厦国际商务酒店""广东华侨友谊酒店"等。

3. 高频使用"家"字,传承中华重家恋家文化

在广州酒店名称专名中,"家"字排名靠前,使用了41次,说明酒店命名者希望给旅客一种宾至如归的家的温暖。如"家园宾馆""家外家公寓""友家连锁公寓""远方的家国际公寓"等。中华民族素有重家恋家的情结,并将家的情结延伸到更广大的范围,广州酒店专名用字高频选取"家"字,正是对中华重家恋家文化的传承。

4. 高频使用风景类用字,体现崇尚自然的审美观念

广州是一座山水城、海滨城、花城,境内有白云山、珠江、从化温泉等诸多山川名胜,又濒临南海,气候温和,四季花开。与此相应,在广州酒店名称专名中,"美""丽""天""花""园""海""星""江""云""湾""景""山""柏""泉""光""阳""港""香""青""庭""林""河""温""白""苑""居""源""轩""湖""蓝""碧""峰""红""凤""森""水""溪""春""兰""洋""岭""木""馨""桐""桂""松"等相对集中的风景类用字也具有较高的使用频率。这些风景类用字突出地体现了广州人崇尚自然的审美观念。如"花园酒店、百花山庄、白云宾馆、流花宾馆、珠江宾馆、景星酒店、湖天宾馆、莲花山庄、阳光酒店、阳光公寓、千树酒店、海棠公寓、丽天酒店、绿源宾馆、碧海山庄、海涛酒店、白天鹅酒店、碧泉大酒店、云山大酒店、雅河湾酒店、岭南春酒店、碧水湾度假村、帽峰沁园酒店、白云湖畔酒店、雨轩酒店公寓、蓝叶酒店公寓、芙蓉会议中心"等。这些专名用字的精心选择，构成一幅幅优美的风景画。

5. 高频使用吉祥用字，传承中华求福趋吉的传统心理

在广州酒店名称专名中，"嘉""尚""新""逸""乐""皇""威""福""达""雅""泰""怡""盛""悦""万""喜""汇""鸿""佳""会""合""明""安""和""力""荣""冠""锦""易""盈""高""优""登""长""运""成""丰""火""凤""圣""茂""隆""旺""帝""瑞""八""骏""永""太""顺""润""御""聚""好""桔""同""吉""裕""煌""凰"等具有吉祥意义的汉字集中高频出现，传递出的是一种求福趋吉、去凶避险的中华传统心理，如"嘉怡酒店、祈福酒店、和颐酒店、粤安大酒店、永泰大酒店、凯旋假日酒店、嘉华温泉酒店、正盛红谷酒店、荣盛精品公寓"等。

6. 高频使用财富类用字，体现浓厚的商业化色彩

广州市酒店名称的专名用字中，财富类用字"金""豪""富""利""银""宝""发"等高频出现，体现出的是崇商重利的社会心态，具有浓厚的商业化色彩。例如"金登酒店、富豪酒店、亨富涞酒店、贵富园酒店、利来国际公寓、金汇假日酒店、金旺商务宾馆、银丰国际公寓"等。

7. 高频使用外译名用字，体现鲜明的国际化色彩

广州市酒店名称的专名用字中，"尔""凯""斯""顿""思""莱""柏""来""亚""特""维""拉""曼""米""奥""卡""纳""希""哈""伦""圣""菲""堡""欧""派""多"等字多数是外译名用字，如"喜尔宾酒店（Hilbin Hotel）、威尔登酒店（Weldon Hotel）、圣玛登酒店（St. Martin Hotel）"等，它们的高频使用与广州酒店业的开放程度相关，与广州作为国际化大都市的地位是相符的，体现出一种开放包容的心理，具有鲜明的国际化色彩。

四 相关建议

酒店是迎来送往的地方，酒店名称作为语言景观直接影响着一座城市的形

象。从上文分析可以看出,广州市酒店命名的通名和专名用字既体现出鲜明的民族性、地域性、人文性、时代性,也体现出鲜明的商业化、国际化色彩。它与广州作为国际商贸中心、国际综合交通枢纽、国家历史文化名城的定位是比较相符的。但我们认为,广州市酒店命名还有待改进。

(一)酒店专名用字在传承广州地域文化方面还有待加强

广州作为国家历史文化名城,有着两千多年的历史,文化底蕴深厚。通过酒店名称这个窗口,传播广州悠久的历史文化,是有其独特优势的。如上文分析,现有的广州酒店命名专名用字在传播中华优秀文化方面,表现突出,但在地域文化的传播方面,还有待加强。如广州又称"五羊城、羊城、穗城",它们均来自五仙人的传说。这个传说不仅传递了古代广州人对那些将农耕文明带到本地的人们所表达的深深敬意,更表明广州自古就是以开放的心态吸收来自五方(东南西北中)的文明。"五羊城、羊城、穗城"的别称其实代表的就是开放的广州。而在我们所调查的酒店命名统计中,直接构成"五羊城""穗城"的"五""羊""穗"字只出现过1次,即"五羊城酒店""中穗酒店"。又如广州"西关",即"荔湾",明末兴建起十八甫,开设有十三行,明清时期是广州的商贸中心。"西关"这个代表广州商贸辉煌历史的名字,在我们所调查的酒店命名中没有出现过一次,"荔湾"也没有出现过,"荔枝湾"只出现过1次,即"馨乐庭荔枝湾服务公寓"。类似上述能代表广州悠久历史文化的地名用字,应该引导酒店命名者适当加以选择。这样既可以提升酒店命名的文化品位,又可以增强对广州这座历史文化名城的宣传。

(二)酒店专名用字在国际化命名方面还需要加以引导

作为国际商贸中心和综合交通枢纽城市,国际化是广州的重要定位。在我们的调查中,广州市酒店命名用字表现出鲜明的国际化色彩,但由于命名主体的多样化,国际化的命名水平参差不齐。我们认为,在如何使酒店命名既具有国际性,又不影响顾客识读方面,还需要进一步加以引导。

目前,广州市酒店具有国际化色彩的命名方式有以下几种:

第一种是外资或中外合资的酒店,其名称直接采用外方酒店品牌,分别有外文名和中文名。除外文名全部采用外文字母外,其中文名的专名用字或以音译汉字为主,或以意译汉字为主。如"戴斯酒店(Days Suites)""速 8 酒店(Super 8 Hotel)""凯旋华美达大酒店(Ramada Pearl Hotel Guangzhou)""广州白云机场铂尔曼大酒店(Pullman Guangzhou Baiyun Airport)""广州富力君悦酒店(Grand Hyatt Guangzhou)"等。这种命名方式是合适的。它既便于中国国内顾客认读,也便于国外顾客认读。

第二种是国内独资的酒店,其名称采用外文加中文命名方式。如果其外文专名用字与酒店有关,又有中文通名的标示,这种方式也是可取的,如"i HOTEL 公寓",虽然语码混用,但至少中外顾客都能够知道这是可以预订入住的酒店。

第三种是国内独资的酒店,采用外译中文字专名加汉语通名的命名方式。有两种情况:其一,所用的外译中文专名字,对应的外文专名翻译有明确意义,这种命名方式有一定的可取性,但不宜多用。如"歌尔爵斯酒店"(Gorgeous Hotel),其中的"歌尔爵斯"4 个汉字对应的英文是"gorgeous",表示"美丽的、非常吸引人的",这对熟悉英语单词"gorgeous"的中外顾客来说,有一定的可接受度。但这种命名方式不宜多用,因为其专名部分仅仅用一个通用的外语词语,从外文名称的构成来看(如"gorgeous hotel"),只是一个临时短语,区别性还不够,很难被人理解为一个酒店的专有名称。其二,所用的外译中文专名字,在对应的英文翻译中,没有明确意义,这种命名方式是不可取的。如"悉恩假日酒店"(CN Holiday Hotel),其中的外译中文字"悉恩"和对应的英文翻译"CN",都没有明确的意义。这样的酒店命名会令中外顾客都不明就里。

(三)酒店专名用字在简明性方面还需要引起注意

酒店命名,既要内涵丰富,有独特性,也要语言简明,以便顾客识记和广泛传播。因此酒店专名用字应避免使用生僻字,如"嗳尚渼国际公寓"中的"嗳""渼"等字使用频率低,"嗳尚渼"仅从字形上看,意义不甚明了,不便于顾客识记。

(四)酒店通名在识别度方面还需要予以关注

正如上文所分析,广州市酒店命名在通名的使用方面整体上具有时代性、专业化、个性化特色,但也存在一些值得关注的问题。那就是有些酒店的通名标识度不太够,如"香江健康山谷""番禺粤海村""航空港湾"等,其中"山谷""村""港湾"作为酒店通名,很难让人首先想到这是可以提供住宿的地方。这些标识度不高的通名最好不用。

（五）酒店命名音节数量也需要加以关注

根据我们的调查统计和分析，广州酒店命名用的音节数量整体适宜，一般以4—8个音节为主，它既能使酒店名称具有较丰富的内涵和鲜明的特色，又便于顾客识记和称说。但也还存在一些问题需要引起注意：一是有些酒店命名的音节数过少，虽然好记，但区别性不够。如"再公寓"，只有3个音节，不仅内涵不甚明了，还容易让人误听成"在公寓"，反而不便于顾客称说。二是有些酒店命名的音节数过多，不易识记，也不易称说。如"广州东圃合景福朋喜来登酒店"，共13个音节，特色是有了，但专名结构排列复杂，要让顾客很快记下来和说出来不是一件容易的事。因此，我们建议，酒店名称的音节数量最好控制在4—10个音节的范围内。

（戴仲平）

饮食业中的同义异形外来词*

广州一向处于对外交流的前沿,外来词现象在当代广州语言生活中非常突出。表现为:首先,来源多样,包括源自英语、法语、意大利语、日语、印尼语、泰语等语言的外来词;其次,由于毗邻港澳地区,当下广州存在不同华语社区外来词形式并存的现象,有特殊的研究价值。广州饮食业发达,饮食业的外来词非常丰富,因此我们以广州饮食业外来词为研究对象,走访大中小餐厅、咖啡厅、蛋糕店等,并借助知名餐饮网站"大众点评""美团"等,共搜集外来词230个。值得注意的是,其中有84个词项存在同义异形形式(参见表1),占总数的36.5%。

表1 广州饮食业外来词同义异形现象示例

原形	数量	同义异形形式
cheddar	3	切达/车达/车打
waffle	4	华夫/窝夫/华夫饼/格仔饼
muffin	4	玛芬/麦芬/妙芙/玛粉
massaman	5	勿沙文/马沙文/玛莎文/马散麻/马沙曼
mozzarella	5	马苏里拉/玛苏里拉/莫索里拉/莫扎雷拉/莫扎里拉

多位学者已就外来词的同义异形现象进行了讨论,他们普遍将之视为外来词未加整理而导致的混乱现象,如刘涌泉、乔毅(1991)[1]、冯志伟(1998)[2]、邵敬敏(2000)[3]。李计伟(2005)认为外来词同义异形现象是一个古已有之的现象。

---

* 本文获得广州市教育系统创新学术团队"语言生态与服务研究"(1201620012)、广州大学"广州语言生态多样性研究学术团队"(201601XSTD)、广州大学2016年国家级大学生创新训练项目"广州饮食业外来词"(201611078024)资助。本文曾在广州大学第一届语言服务圆桌会议宣读,感谢屈哨兵、邵敬敏、汪磊、赵春利等教授的宝贵意见。

[1] 刘涌泉、乔毅认为同义异形现象是"……常受自己方言的影响,不了解该词的实际发音,或选择汉字不同,因而译音词常不统一,形成一种公害"。见刘涌泉、乔毅《应用语言学》,上海教育出版社1991年版,第64页。

[2] 冯志伟认为"在外来概念的翻译中,容易出现同义译名,这就是同样一个外来概念,被翻译成多个译名的同物译名现象。这种现象往往使得读者和用户无所适从,造成译名使用的混乱"。见冯志伟《同义译名研究刍议》,《词库建设通讯》1998年第16期。

[3] 邵敬敏在谈及香港粤方言中外来词的异形现象时认为"香港方言外来词总的来说比较混乱,并没有经过整理或规范"。见邵敬敏《香港方言外来词比较研究》,《语言文字应用》2000年第3期。

在我们所搜集的广州饮食业外来词中，具有同义异形现象的词条占总词条数目的 36.5%。那么外来词同义异形现象都有哪些类型？是什么原因促使了这一现象的产生？我们将在下文详细讨论。

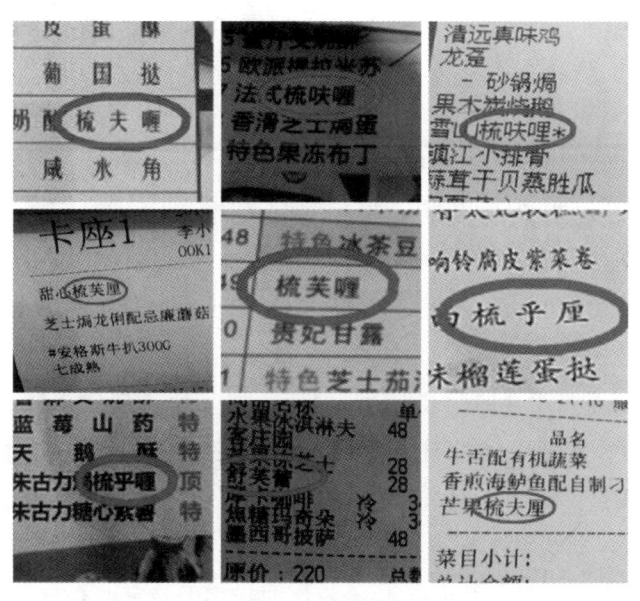

图 1 "soufflé"的同义异形

一 同义异形外来词产生的原因

（一）音译不同

音译的本质是用本族语的语音形式模仿外来语的语音形式。由于两种语言语音系统的差异，音译只能是大致相同。同一个音节或音素，不同的译者对其进行语音模拟的结果并不相同，有可能是采用汉语相近音节的不同汉字，也可能是采用汉语中声韵相同但声调不同的汉字；从另一方面来看，同一个汉字也会被用来音译不同的音节或音素。

1. 一个音节或音素对应多个音译的汉字形式

在我们收集的语料中，至少有 42 个音节或音素的音译形式有异形现象：

ba 巴/百/贝/芭；be 芭/宾/芭/葩；ca 卡/加；cey 西/锡/惜 cha 沙/莎/霞/卡；che 雪/切/彻/休/许/修；chow 周/巧；cia 夏/恰；co 戈/壳/可/考/谷/咯/咖/可；cu

卡/吉/咖;da 达/旦/打;der 打/达;dine 甸/丁;don 顿/当/冬;f 芙/夫/弗/乎/呋;i 伊/易;ji 西/吉/基/希/杰;ker 架/加;la 拉/乐/罗/来/拿/莱;lak 喇/叻/啦;le 哩/蕾/喱/厘/勒/列/烈/力/丽/利;li 里/利/立;lon 兰/冷;ma 马/玛/勿;man 曼/文/麻;mi 米/美;mo 嚤/慕/摩/莫/玛/马;na 纳/那/拿/尼/蓝/娜;nay 尼/妮/丽;pa 巴/帕/芭;pi 披/匹/比/必;po 波/坡/破/泼;ri 里/莉/利/丽/列;ro 鲁/路/罗;s 斯/司/思/士/丝;sa 沙/散/莎/撒/萨/吵;sam 森/参/三/桑/叁;sou 梳/舒;sun 圣/新;ta(r)塔/挞/达/鞑;to 多/吐/朵/托/图/豆;va 华/瓦/云/哇。

其中音译形式最多达10种。如:le 哩/蕾/喱/厘/勒/列/烈/力/丽/利:梳乎厘/梳乎喱/梳呋哩/舒芙蕾(soufflé)、那不勒斯(Naples)、庵列(omelete)、吉烈(cutlet)、菲力(filet)、朱丽普(julep)、百利(baley)。"co"对应的音译形式有8种,另有5个音节(che、mo、na、sa、to)对应的音译形式多达6种。

当然,个别音素组合的形式也比较稳定。如"la",一般译为"拉",在"mozzarella"的5种音译形式中(马苏里拉/玛苏里拉/莫索里拉/莫扎雷拉/莫扎里拉),其他音节对应的汉字都不同,只有"拉"是相同的。

2. 一个汉字对应多个音节或音素

在我们搜集的材料中至少有49个汉字对应多个音素或音节组合,一般是对应两个或3个音节,但这种情况数量相对较少,可以说汉字与音节对应情况比较稳定。如:

巴 ba/pa;芭 ba/be/pa;波 po/bo;布 b/pu;达 der/dar/tar;打 da/dar/der;得 d/de;德 d/de;甸 dine/ding;多 to/do;菲 fa/fi/ffe;芙 f;高 gel/go;格 g/ga;华 va/wa;加 ca/ga/ker;卡 ca/cha/cu/ca;可 ca/co/croi;拉 la/ra;兰 lan/ran;朗 lan/row/ru;蕾 le/lait;雷 la/re;里 le/li/ri/re;力 let/ne/nic;利 li/ley/ri;露 ro/no;马 ma/mo;玛 ma/mo/mu;美 mi/my;摩 bu/mo;拿 la/na;娜 na/nu;尼 nay/ne/ni/nie;欧 au/o;帕 pa/pe;萨 sa/za;沙 cha/sa/sar;莎 sa/cha;士 s/sae/se;梳 sou/so;司 ce/s/se;斯 s/se;塔 ta/tart;托 to/tu;文 man/wi;西 ci/si;雪 che/so/thies;芝 che/chi。

在音译的过程中,音节数也有差异。"Carbonara"有的译为两音节的"卡邦",有的译为三音节的"卡邦拿/卡邦尼",有的译为四音节的"卡邦那那",这很大程度上取决于译者。而另外一种导致音节数差异的原因,则与普通话的音节结构相关。由于普通话音节末尾辅音形式只有[n]和[ŋ]两种形式,但在有些语言中,音节末尾可以是"s、d、t、r"等。在翻译这些外来词时,"s"通常会译为"斯/司/思/士/丝","d、t、r"有时译为"德、特、尔",有时在翻译中就忽略不计,这样音节的划分就不相同。如"Parma"有的译为"巴马",有的译为"帕尔玛"。前者不考虑"r",译成两个音节;而后者将 r 译为"尔",这样就成了 3 个音节。

此外,一些外来词的差异表面上看是音译造成的,事实上是其来源不同造成的。比如英语的"Naples"译成"那不勒斯",意大利语的"Napoli"译为"那波利/那坡里/拿坡里/拿泼里"。

总而言之,从理论上说汉语外来词在音译过程中有几个环节可能导致异形:第一,源词中如有复辅音现象,有的译者将之处理为一个音节,有的译者将之处理为汉语的两个音节。第二,源词中有汉语音节末尾辅音不具有的辅音,如 m/s/t/p/d/k 等,有的译者省略,有的译者进行音译,音译的形式也有差异。第三,音译过程中,面对同一音节或音素,不同的译者选择了不同的汉字。后一点尤为突出。我们认为音译造成的异形,其主要原因是语音系统的语际差异和翻译者个体差异,这两项差异显然是不可改变的,因此音译造成的差异难以避免。

(二) 音译和意译对立

1. 音译兼顾意译与单纯音译的差异

在外来词的翻译中,一些译者只考虑音译,而另外的译者则同时考虑语音和意义,导致了外来词的同义异形。如:英式松饼"muffin"有 4 种同义异形的形式,分别是"麦芬/玛芬/妙芙/玛粉"。其中将"mu"译为"玛"只考虑了音译,而将之译为"麦""芬""粉"的形式则是兼顾了音译和意译。

"waffle"有 3 种同义异形的形式。其中"华夫"似只考虑了音译;"窝夫"的"窝"字不仅考虑了音近,且具有"凹陷"的意义,兼顾了音译和意译;翻译成格仔饼,就只考虑了意译。

2. 音译与意译的差异

同一个外来词,有的译者采用音译的形式,有的译者采用意译的形式。如"croissont"有多种意译形式包括"羊角包、牛角包"等,但是某些商店译为"可颂";苏格兰威士忌品牌"Johnnie Walker",有音译形式"尊尼获加",也有音译加意译形式"约翰走路";"soufflé"有 9 种同义异形的形式,其中 8 种"梳乎厘/梳乎喱/梳夫厘/梳咕喱/梳夫喱/梳芙喱/梳咕哩/舒芙蕾"均是音译形式,而"蛋奶酥"则是意译的形式;"cheese"的各种形式中,"起士/起司/芝士/吉士"都是音译形式,而"奶酪/乳酪"则是意译形式。

史有为认为"在汉语这样一种音节表现强烈、以单音语素做基础的语言中,外来语言文化的汉语化程度肯定是相当高的""意译词挤掉音译词这种现象虽然并未到达笼罩全部的程度,但其比例之大也确实惊人"[①],从"德律风"到"电话",从"赛恩斯"到"科学"都是从音译走向意译的过程。但当代汉语出现了另一种倾向,即虽然某个外来词已具意译形式,或已有汉语对应形式,但使用者为了凸显其外来身份,使用音译形式,如牛角包称为"可颂",甚至直接使用源词,直接借形,如不用冰激凌,而称为"gelato"。这种做法故意使外来词陌生化,此类同义异形现象则是由译者或使用者心态造成的。因此,我们认为音译和意译的差异,一方面是译者译法不同造成的,但同时也取决于译者和使用者对待外来词的态度,如追求"新潮""国际化"等心态。

(三)直接借形与翻译对立

汉语外来词的直接借形主要是使用字母词,另外是来自日语的外来词。在饮食业中主要体现为后者。日本作为汉字圈国家,日语中也使用汉字,因此中国人在日本餐厅直接阅读菜单的难度相对较低,最为方便的就是借形,而不是音译或意译的再加工。在日式餐厅中,饮食外来词的异形现象主要表现为直接借用与意译共存,但从使用频率和范围上来看,借形的形式明显更占优势(详见表2)。

表2 广州饮食业中源自日语的同义异形形式

原形	异形形式	原形	异形形式
玉子	玉子/甜鸡蛋	押し寿司	箱押寿司/箱压寿司/箱寿司
唐揚げ	唐扬/油炸	味醂	味醂/味淋
味付け	味付/调味	丼	丼/盖饭
枝豆	枝豆/毛豆	唐辛子	唐辛子/辣椒

二 同义异形外来词的地域差异

来自不同华语社区的外来词,它们的形式在广州当下的语言生活中并存,是外来词同义异形现象重要组成部分。这些差异主要包括港澳地区华人社区和内地外来词形式的差异、海峡两岸外来词形式的差异以及东南亚华人社区外来词

---

① 参见史有为《异文化的使者——外来词》,上海辞书出版社2004年版,第22、23页。

形式的差异。

(一) 港澳华人社区和内地外来词形式的差异

邵敬敏分析研究了香港粤方言和内地外来词的差异。[①] 广州属粤方言区，毗邻港澳地区，同一外来词在港澳地区和内地有两种或多种形式并存的情况。如：cheddar 在港澳地区被称为"车打"，在内地被称为"切达"；punch 在港澳地区被称为"宾治"，在内地被称为"潘趣酒"；waffle 在港澳地区被称为"窝夫"，在内地被称为"华夫饼"或"格仔饼"；"Gordon's gin"在港澳地区被称为"哥顿毡"，在内地被称为"哥顿金酒"等。

图 2 "车打"的同义异形现象

无论是港澳地区粤方言外来词还是内地外来词的音译，均遵守音近原则。但由于普通话和粤方言语音之间的差异，直接导致它们的音译形式不相同。如单词起始的"che"香港地区粤方言中常译为"车[tsʰɛ⁵⁵]"，如车打（cheddar）、车厘子（cherry）、车路士（chelsea）等；而内地则常把"che"译为"切[tɕʰiɛ]"，如切达（cheddar）、切尔西（chelsea）。再如"Gordon's gin"的音译形式，粤方言将"gin"译为"毡"[tsin⁵⁵]，而普通话最为接近的发音为"金"[tɕin⁵⁵]；港澳地区社区还常将[ə]译为[ʌ]，如周打（chowder）、柯打（order）、温拿（winner），在港式英语中也有类似的语音变化，如将 designer[diˈzainə]读为[diˈzainʌ]/[diˈzailʌ]。再如，普通话音节中

[①] 邵敬敏《香港方言外来词比较研究》，《语言文字应用》2000 年第 3 期。

没有以[m/t/p/k]结尾的音节形式,但粤方言中有。香港地区粤方言将Beckham(贝克汉姆)译为"碧咸"[pek^5 ham^{21}]就是有效利用了粤方言中的入声、闭口韵的特点。基于粤方言和普通话的语音差异,以及二者已形成的外来词音译系统的差异,内地和港澳地区外来词的音义差异将会继续存在,并且会相互竞争,相互影响。①

(二)海峡两岸暨香港、澳门外来词形式的对立

日语的"天ぷら",在中国大陆普遍被译为"天妇罗",在台湾地区被译为"甜不辣",后者不仅考虑了声音相近,同时也考虑了意义。再如"sarsaparilla"或"sarsae"在港澳地区被称为"沙示"(粤方言读[sa^{55} si^{35}]),在台湾地区被称为"沙士"。"tart"在港澳地区被称为"挞"(粤方言读[t^{h}ak^5]),与内地一致;而在台湾地区被称为"塔"。不过海峡两岸暨香港、澳门外来词同义异形现象在我们收集的例子中只占少数。

(三)东南亚华人社区外来词差异

东南亚华人社区外来词的差异,主要体现在同一事物,在东南亚各个国家的华人社区有不同的称呼。如:在广州某餐厅出现的"煎蕊",是一种具有南洋风味的冷饮,马来语是"cendol"。新加坡华人(潮州人或福建人)称之为"煎蕊",吉隆坡华人(广东人或客家人)称为"煎律、煎碌",马六甲的华人(福建人)称为"珍露、晶露、浆果落"②。

华语研究已经引起了学界的普遍重视,香港地区和内地的学者都已经建立了相应的资源库,及时掌握动态的数据,如暨南大学华文学院海外华语研究中心开发的"东南亚华语媒体语料库"③,邹嘉彦教授开发的"LIVAC汉语共时语料库"(The Linguistic Variations in Chinese Speech Communities)。我们应充分利用这样的平台,关注不同华语社区外来词的异形形式及其演变过程。

---

① 邵敬敏、刘杰曾经讨论了"手机""互联网"等同义词群在华语各地的竞争情况及其规律。参见《从"手机"看不同华语社区同义词群的竞争与选择》,《语文研究》2008年第4期。
② 李宇明主编《全球华语词典》,商务印书馆2010年版,第428页。
③ 参见http://huayu.jnu.edu.cn/corpus1/Search.aspx。

三 相关建议

对广州饮食业外来词的考察表明,外来词同义异形现象在当代语言生活中确实较多,地方语委和工商行政等管理部门可以给予适当指引,促进语言生活的健康发展。但对于更多领域的外来词同义异形现象,需要语言工作者和相关管理部门提供多层面多领域的语言服务:关乎国家政治经济大事的需要官方规范与推荐,但从行业领域来说,需要的是引导式推荐,语言工作者要提供学术支持,即语言服务需从多个层面开展工作。目前外来词的整理工作明显重视不够,更新频率较慢,不能反映当代语言生活现状,也不利于及时统一与规范。语言学工作者有责任有义务做好外来词的记录整理工作,并对相应的现象进行研究,为"官方规范与推荐"和"行业推荐与引导"提供学术支持,提供对策。

附表:广州饮食业中的同义异形外来词

序号	原文	异形词数量	外来词形式
1	badam(波斯语)	2	巴旦木/巴旦
2	bagel	3	贝高/百吉饼/贝果
3	ballad	2	芭乐/番石榴
4	belachan(马来语)	3	笆拉煎/马来栈/马拉盏
5	brioche(法语)	2	布莉欧/布里欧修
6	bubur chacha(马来语)	2	摩摩喳喳/么么喳喳
7	cajun	2	奇津/卡真
8	cappuccino(意大利语)	3	卡布奇诺/卡布基诺/卡布其诺
9	carbonara(意大利语)	4	卡邦/卡邦拿/卡邦尼/卡邦那那
10	cendol(马来语)	8	浆绿/珍多/煎蕊/煎律/煎碌/珍露/晶露/浆罗落
11	Ceylon(tea)	3	锡兰/西冷/惜兰
12	chardonnay	3	沙当尼/莎当妮/霞多丽
13	cheddar	3	车打/车达/切达
14	cheese	6	起士/起司/芝士/吉士/奶酪/乳酪
15	chowder	2	周打/巧达
16	club sandwich	2	公司三文治/俱乐部三明治
17	Cobb salad	2	考伯沙拉/考博沙拉
18	cocoa	3	谷古/哈咕/可可
19	croissant(法语)	3	可颂/羊角包/牛角包
20	custard	2	吉士/卡仕达
21	cutlet	2	吉列/吉烈
22	durian(马来语)	2	榴梿/榴莲

（续表）

23	Benedict(eggs Benedict)	2	班尼迪蛋/班尼迪克蛋
24	focaccia(意大利语)	2	佛卡夏/佛卡恰
25	ganache	3	甘那休/甘那许/甘纳许
26	Gordon's gin	2	哥顿毡/哥顿金酒
27	jam	2	果酱/果占
28	Johnnie Walker	2	尊尼获加/约翰走路
29	kahlua	5	卡鲁哇酒/甘露咖啡力娇酒/咖啡酒/咖啡甜酒/咖啡蜜
30	laksa	4	喇沙/叻沙/啦沙/喇吵
31	Lamington(cake)	2	雷明顿/林明顿
32	manchego(西班牙语)	3	曼切格奶酪/曼彻格奶酪/曼切高奶酪
33	martini	2	马提尼/马天尼
34	masala	4	玛莎拉/马沙拉/玛撒拉/马莎拉
35	massaman	5	勿沙文/马沙文/玛莎文/马散麻/马沙曼
36	mojito	7	莫西多/莫吉托/莫吉多/莫基托/莫希托/莫吉图/莫杰托
37	mousse	3	慕斯/慕丝/摩丝
38	mozzarella(意大利语)	5	马苏里拉/玛苏里拉/莫索里拉/莫扎雷拉/莫扎里拉
39	muffin	4	玛芬/麦芬/妙芙/玛粉
40	Napoli(意大利语)/Naples(英语)	5	那不勒斯/那波利/那坡里/拿坡里/拿泼里
41	omelette	4	腌列/奄列/庵列/俺列
42	parma(意大利语)	3	巴马/巴玛/帕尔玛
43	pecan	2	碧根果/长寿果
44	pie	2	派/批
45	pizza	3	披萨/匹萨/比萨
46	Margherita(pizza Margherita)	5	玛格丽塔/玛格丽特/玛嘉丽塔/玛格利特/玛格列特
47	pudding	2	布丁/布甸
48	punch	2	宾治/潘趣酒
49	rendang(印尼语)	2	仁当/任当
50	rooibos	4	鲁伊波士/路易波士/南非波士/路易博士
51	rosemary	2	露丝玛利香草/迷迭香
52	rum	2	朗姆酒/冧酒
53	salad Nicoise	2	尼斯沙拉/尼古斯沙拉
54	salami(意大利语)	3	萨拉米/莎乐美/沙乐美
55	sambal	5	森宝/参巴/三巴/桑巴/叁笆
56	samosa	2	samosa/咖喱角
57	sardine	2	沙甸鱼/沙丁鱼

(续表)

58	sarsaparilla/sarsae	2	沙示/沙士
59	sauce	2	酱/沙司
60	sirloin steak	2	沙朗牛扒/西冷牛扒
61	Skyy Vodka	3	蓝天伏特加/深蓝伏特加/SKY伏特加
62	smoothie	3	思慕雪/思慕昔/果昔
63	soda	2	梳打/苏打
64	sorbet	2	雪芭/雪葩
65	soufflé（法语）	9	梳乎厘/梳乎喱/梳夫厘/梳呋喱/梳夫喱/梳芙喱/梳呋哩/舒芙蕾/蛋奶酥
66	sundae	2	新地/圣代
67	taco	2	塔可/墨西哥卷
68	tar tar	2	塔塔/鞑靼
69	tart	2	挞/塔
70	toast	2	多士/吐司
71	ต้มยำกุ้ง（泰语）	3	东炎/冬阴功/冬荫功
72	tuna	3	吞拿鱼/金枪鱼/鲔鱼
73	Vamino	2	Vamino/哇米诺
74	waffle	4	窝夫/华夫/华夫饼/格仔饼
75	天ぷら（日语）	2	甜不辣/天妇罗
76	玉子（日语）	2	玉子/甜鸡蛋
77	唐揚げ（日语）	2	唐扬/油炸
78	味付け（日语）	2	味付/调味
79	押し寿司（日语）	3	箱押寿司/箱寿司/箱压寿司
80	味醂（日语）	2	味醂/味淋
81	丼（日语）	2	丼/盖饭
83	枝豆（日语）	2	枝豆/毛豆
83	唐辛子（日语）	2	唐辛子/辣椒
84	味噌（日语）	3	味噌/味珍/味增

（马　喆、温　馨、程小凡、洪丹妮）

第三部分

社群篇

青年"广二代"语言生活状况[*]

得益于改革开放之先机,广州最早成为人口流入重镇。2017年3月1日,广州市统计局公布了广州市人口规模及分布情况,广州市常住人口达到1405万人,其中外来常住人口533.86万,占总人口数的38%。广州作为四大"门户城市"之一,人口流动频繁、复杂。随着社会经济的发展,外来人口越来越多地涌入,为广州的城市发展带来了不可忽视的影响。在这几十年的人口流动大潮中,一批批"广二代"相继诞生。本文青年"广二代"是指父母一代从外地来广州工作、落户,年龄在18—30岁的群体。

广州话是广州的本土方言,也是当地的强势语言。随着国家推广普通话的进程,越来越多的广州人开始学习和使用普通话。如今,广州话和普通话成为广州城市语言生活中最常用的两种语言变体。青年"广二代"群体的语言生活状况引起越来越多的关注。他们的语言使用状况、语言选择和文化认同组成了我们城市语言生活的多彩一页。

一　调查设计与结果分析

(一) 调查对象的基本情况

本次调查以18—30岁的青年"广二代"群体为对象,共发放问卷127份,回收问卷124份,回收率97.63%。调查对象的性别分布为:男性53人,占42.74%;女性71人,占57.26%。调查对象受教育程度和职业状况见表1、表2。

---

[*] 本文为广州市教育系统创新学术团队"语言生态与服务研究"(1201620012)、广州大学2017年校级大学生创新训练项目"'广二代'语言使用状况研究"(CX2017177)阶段性成果。

第三部分 社群篇

表 1 受教育程度

受教育程度	人数	比例(%)
初中	3	2.42
高中或中专	6	4.84
大专	25	20.16
本科	71	57.26
研究生	19	15.32
总人数	124	100

表 2 职业状况

职业	人数	比例(%)
政府机关工作人员	12	9.68
企事业单位人员	18	14.52
商业人员(个体经营者等)	23	18.55
专业人员(教师、医生、律师)	19	15.32
自由职业者	2	1.61
学生	38	30.65
无业	5	4.03
其他	7	5.65
总人数	124	100

(二) 母语状况

表 3 母语状况

母语状况		广州话	客家话	潮汕话	普通话	其他方言	总人数(比例)
本人	人数	34	28	12	20	30	124
	比例	27.42%	22.58%	9.68%	16.13%	24.19%	100%
父亲	人数	35	30	14	8	37	124
	比例	28.23%	24.19%	11.29%	6.45%	29.84%	100%
母亲	人数	32	37	14	7	34	124
	比例	25.81%	29.84%	11.29%	5.65%	27.42%	100%

由表 3 可知,调查对象本人的母语状况中,广州话的比重较大,占 27.42%;有 20 人的母语为普通话,占 16.13%。我们把母语状况较为分散的样本合并在"其他方言"的选项中,这 30 个样本包括四川话、湖南话、河南话、山东话等。

在父亲、母亲的母语状况中,使用广州话和客家话的占一半以上;以普通话

为母语的人数较少,分别为 6.45% 和 5.65%。"广二代"父亲、母亲的母语基本相同或相近,由此形成的家庭语言环境影响了"广二代"的母语使用状况。如:父母使用潮汕话的样本量有 14 位,受家庭语言环境影响,有 12 位调查对象的母语为潮汕话。我们还设置了一个题项:若您从小受祖父祖母的语言影响,请填写他们的母语。有 63 名调查对象表示母语受到祖父祖母语言影响,占 50.80%。

(三)语言掌握程度

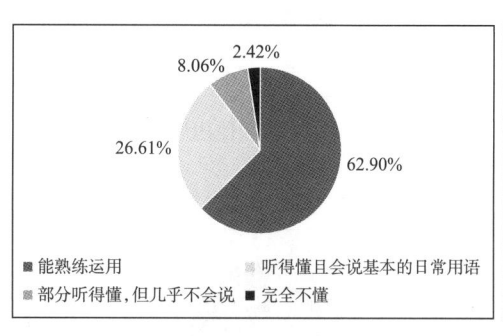

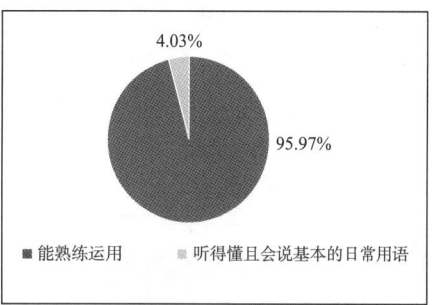

图 1　广州话掌握程度

图 2　普通话掌握程度

124 名调查对象全部掌握普通话,其中熟练运用普通话的人数比例接近 96%。广州话的掌握程度差异较大,超过一半的人能够熟练运用广州话,近 30% 的人能够听懂,但只能表达日常用语。选择"部分听得懂,但几乎不会说"和"完全不懂"这两个选项的,我们将其视为没有掌握此种语言,有 10.48% 的人选择了这两项,即没有掌握广州话。

一位调查对象(女性,19 岁,学生)表示,从小父母就跟她说普通话,上学后在学校接受普通话教育,有时候同学之间课下用广州话交流,但大家知道她不说广州话,因此,跟她交流时都用普通话,久而久之,她本人能够听懂一部分广州话,但不会说。

从语言掌握程度看,青年"广二代"的普通话水平高于广州话水平。

(四)语言使用

1. 语言使用频率

在 124 名调查对象中,超过 90% 的人经常使用普通话,有 11 人"有时"使用普通话。广州话的使用频率差异较大,仅一半多的人经常使用广州话。综合"基本不使用"和"从未使用"这两个选项,一部分青年"广二代"的广州话使用频率超低,比例达15.33%。除了不会广州话的调查对象外,也有个别掌握广州话的人表示,目前在他的工作和生活中,周围的人都用普通话交流,说广州话的机会比较少。

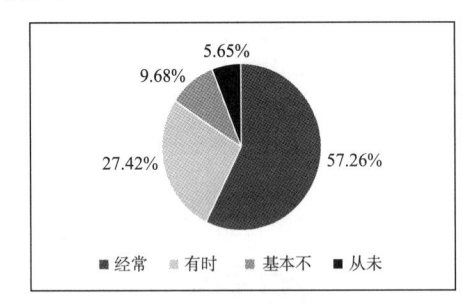

图3 广州话使用频率

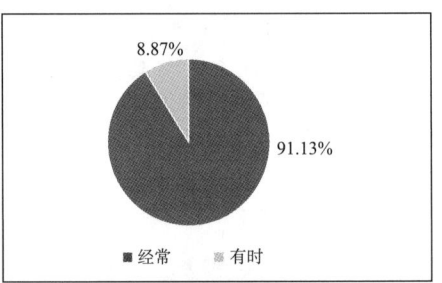

图4 普通话使用频率

2. 不同场合的语言使用情况

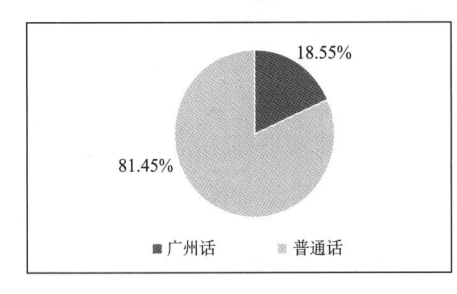

图5 正式场合语言使用情况

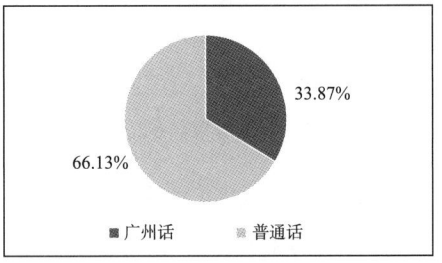

图6 非正式场合语言使用状况

我们把工作场合设定为正式场合,家庭、日常生活等场合设定为非正式场合。由图5、图6可知,无论在正式场合还是非正式场合,青年"广二代"最常使用的是普通话。尤其是在正式工作场合中,他们使用普通话的比例高达81.45%,相比之下,广州话的使用频率则较低,可见在正式场合中,普通话是人们交际的第一语言。

访谈中,一位调查对象(男性,29岁,公务员)表示,现在广州政府机构中有很多人来自外地,他们广州话水平不高,很多人根本听不懂广州话,更别提开口说了。因此,普通话是首选的工作用语。另一位调查对象(女性,24岁,餐饮服务人员)说,在餐厅上班的时候,本地人和外地人都会碰到,本地人大部分会使用广州话点菜或招呼服务员,但是她的广州话水平不高,能听懂,却说得不好,所以她一般用普通话回应顾客。在随后的实地调查中,我们听到了该调查对象在工作场合的真实对话:

顾客:来一份鱼蛋粉。(广州话)

调查对象：米粉还是河粉？（普通话）

顾客：河粉。（广州话）

（五）语言态度

1. 语言态度

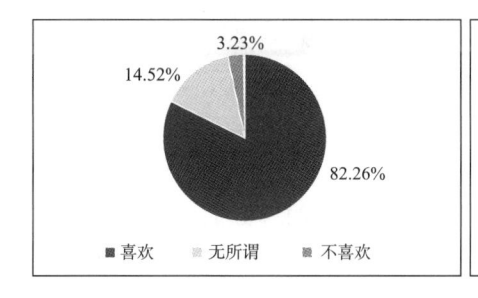

图7 对广州话的态度

喜欢 82.26%　无所谓 14.52%　不喜欢 3.23%

图8 对普通话的态度

喜欢 75.81%　无所谓 21.77%　不喜欢 2.42%

关于语言态度，我们设置了3个选项"喜欢、无所谓和不喜欢"。有82.26%的调查对象对广州话持积极态度，这一比例略高于对普通话（75.81%）的积极态度。在持中立态度的语言变体上，普通话的比例稍高于广州话。有少数人对两种语言变体持消极态度，我们对这几个调查对象进行了跟踪调查，他们表示，相对于广州话和普通话，他们更喜欢自己的母语，如潮汕话、客家话、湖南话等。

2. 对语言文化背景的态度

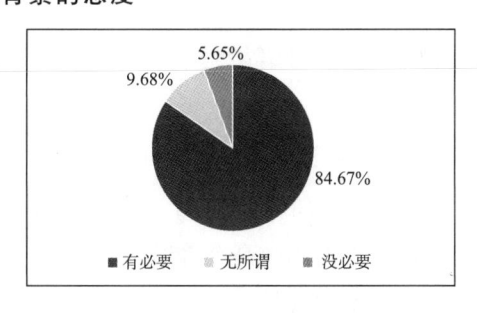

图9 对语言文化背景的态度

有必要 84.67%　无所谓 9.68%　没必要 5.65%

基于广州话在城市语言生活中的重要地位，我们设置了一个题目：您认为学习广州话的同时有没有必要了解其文化背景？在124名调查对象中，有105人认为有必要了解广州的历史文化背景，占84.67%。也有12人认为没必要，7人认为无所谓，总比例占15.33%。可见绝大多数青年"广二代"把语言习得跟语言环境和文化背景结合起来，以便更好地学习广州话。

（六）语言影响程度

图 10　广州话的影响程度

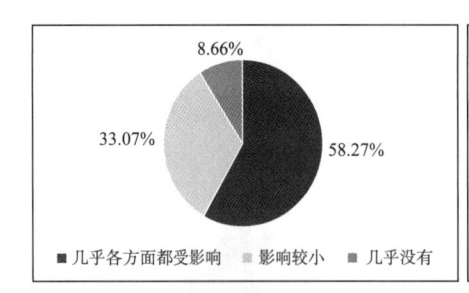

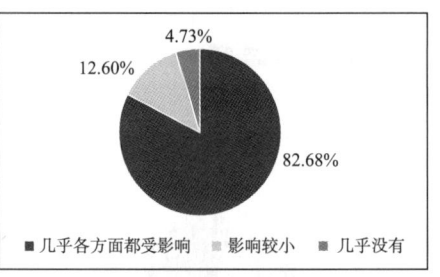

图 11　普通话的影响程度

在 124 名调查对象中，有 74 人认为在工作和生活的各方面都受到广州话的影响，有 105 人认为受普通话的影响更大，比例超过 80%。广州话是广州的本地方言，通行于城市生活的方方面面，不可避免地影响着青年"广二代"的生活。普通话是全国通用语，普及范围越来越广，加之很多青年"广二代"的母语就是普通话，因而它的影响较之广州话更大。

二　总　结

（一）调查结果

调查对象的母语状况多样化，母语能力基本通过家庭语言环境获得。在语言掌握上，普通话的掌握程度高于广州话。无论在正式场合还是非正式场合，青年"广二代"的普通话使用频率高于广州话。普通话已经成为他们的第一交际语言。他们认为，普通话对他们生活的影响高于广州话。尽管如此，在语言感情上，对广州话持肯定和积极态度的人数高于普通话，并且大多数人认为要学好广州话，有必要了解广州的历史文化背景。可见，青年"广二代"群体对广州的城市文化产生了浓厚感情，由此产生了强烈的认同感与使命感。

（二）思考与建议

青年"广二代"群体呈现出双语并存、双语兼用的语言面貌。这里的双语主要指普通话和广州话，实际情况并不限于此，部分调查对象还有在家中使用客家话、潮汕话、四川话等其他方言的情形。"广二代"群体本质上属于移民二代，语

言使用状况丰富,形成了特殊的言语社区。

广州话在青年"广二代"及其下一代中的学习与传承情况值得关注,从调查结果看,广州话作为强势方言,在青年"广二代"群体中并未显现出强势的特征,无论是在使用频率上,还是在掌握程度上,普通话都高于广州话。"广二代"是一个庞大的群体,而青年"广二代"正是学习与传承广州话的主要力量之一。调查对象中有不少人已经结婚生子,"广三代"的语言习得也成为值得我们关注的问题。

语言是文化的载体,语言认同是文化认同的重要标志。普通话作为全民通用语,成为不同地区、操不同方言的人们交流的纽带。随着普通话的推广,广州展现出普粤并行、各放异彩的和谐语言生活。这座有着悠久地方文化、兼容并包的城市散发出更独特的魅力。

(魏　琳、刘雨虹)

湖南籍外来人口语言生活状况

近年来,广州市人口增长迅速,外来人口比例不断提高。2017年3月1日,广州市统计局公布,广州市常住人口1405万人,其中外来常住人口533.86万人,占总人口数的38%。本文所说广州市湖南籍外来人口,既包括广州常住外来人口里的湖南人,也包括广州户籍人口中祖籍是湖南的第一代广州人,不包括祖籍是湖南的第二代广州人。对广州市湖南籍外来人口语言生活状况进行考察,可以窥一斑而知全豹,使我们深入了解广州市外来人口的语言生活状况。

一 问卷设计与调查样本

(一)问卷设计

此次调查采用了问卷星系统[①],还针对不同类型调查对象进行了访谈。问卷共36题,大致分为"基本信息""语言选择""语言评价"等几个方面。我们用微信把问卷发送给在广州的一些湖南朋友,请他们帮忙发到各自的朋友圈或相关的一些群里,填写问卷后点提交,系统自动回收问卷。2017年7月26日开始发放,8月25日截止,共回收问卷339份,其中有效问卷333份,有效率为98%。

(二)样本构成

1. 性别构成

本次有效问卷333份中,男性150人,占45.05%;女性183人,占54.95%。女性所占比例略高。

---

① "问卷星"是一个专业的在线问卷调查、测评、投票平台。

2. 年龄构成

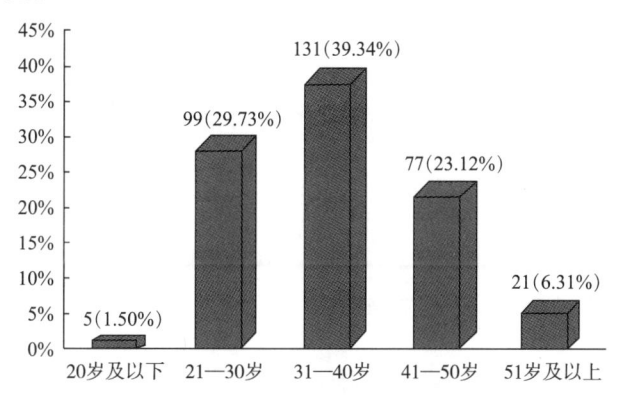

图1 样本人群年龄段分布

- 20岁及以下：5 (1.50%)
- 21—30岁：99 (29.73%)
- 31—40岁：131 (39.34%)
- 41—50岁：77 (23.12%)
- 51岁及以上：21 (6.31%)

3. 文化程度构成

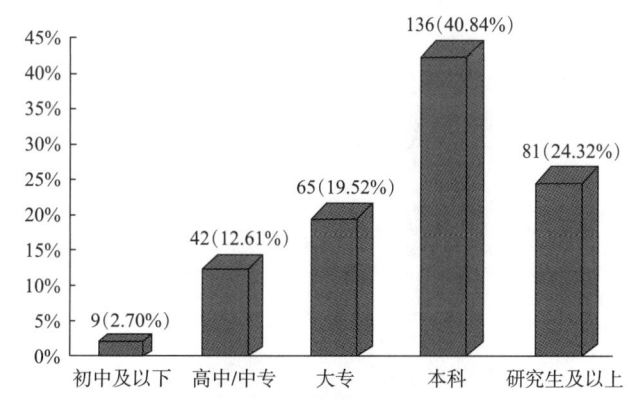

图2 样本人群文化程度构成

- 初中及以下：9 (2.70%)
- 高中/中专：42 (12.61%)
- 大专：65 (19.52%)
- 本科：136 (40.84%)
- 研究生及以上：81 (24.32%)

4. 职业构成

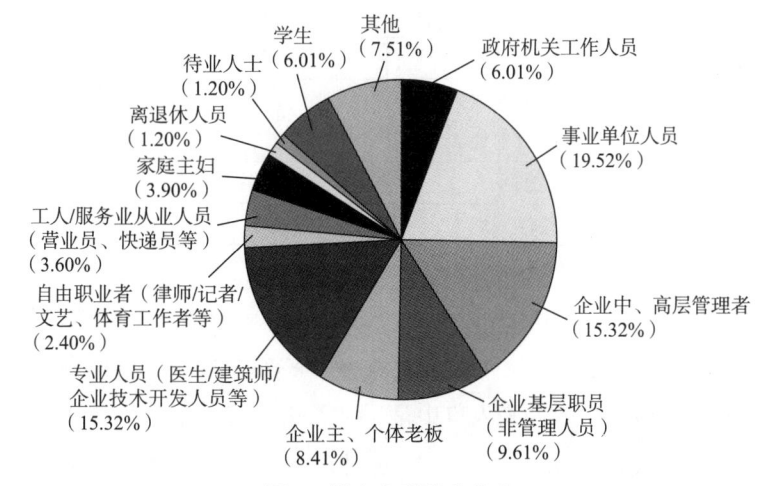

图3 样本人群职业构成

- 学生（6.01%）
- 其他（7.51%）
- 政府机关工作人员（6.01%）
- 待业人士（1.20%）
- 离退休人员（1.20%）
- 家庭主妇（3.90%）
- 工人/服务业从业人员（营业员、快递员等）（3.60%）
- 自由职业者（律师/记者/文艺、体育工作者等）（2.40%）
- 专业人员（医生/建筑师/企业技术开发人员等）（15.32%）
- 企业主、个体老板（8.41%）
- 企业基层职员（非管理人员）（9.61%）
- 企业中、高层管理者（15.32%）
- 事业单位人员（19.52%）

我们还要求调查对象填写了自己的家乡,如有配偶则要求填写配偶的家乡。以上客观因素在一定程度上决定了湖南籍外来人口语言生活状况,为我们的研究提供了比较坚实的依据。

二 结果分析

(一)交际对象与语言选择

表1 交际对象与语言选择

语种	人员	工作	工作之外
普通话	广州本地人	75.38	77.18
	家乡人	37.84	23.12
	其他外地人	92.19	92.19
广州话	广州本地人	3.90	8.11
	家乡人	0.60	0.30
	其他外地人	0.60	1.20
家乡话	广州本地人	0.60	0.60
	家乡人	29.43	50.45
	其他外地人	0.30	0.90
普通话和广州话都说	广州本地人	18.62	14.11
	家乡人	1.20	1.80
	其他外地人	5.11	3.90
普通话和家乡话都说	广州本地人	1.50	0
	家乡人	30.03	23.12
	其他外地人	1.80	1.80
广州话和家乡话都说	广州本地人	0	0
	家乡人	0.90	1.20
	其他外地人	0	0

注:表中数据均为有效百分比。

333位有效调查对象中,在广州跟其他外地人采用普通话作为交际语言高达92.19%,跟广州本地人交流采用普通话的也有77.18%(工作外)和75.38%(工作时),可见普通话在广州外来人口中是一种通用语言。跟广州本地人在任何场合都说家乡话的只有0.60%,也即2人,可见调查对象中不会说普通话的人比较

少。尽管只有33.93%的人认为自己普通话标准,60.06%的人认为自己普通话稍带乡音,6.01%的人认为自己的普通话带有较重的乡音,但大多数都能用普通话进行交流。

调查对象在工作中跟广州本地人纯说广州话的有3.9%,普通话和广州话都说的有18.62%;在工作之外纯说广州话的有8.11%,普通话和广州话都说的有14.11%。可见约有20%的调查对象会说广州话,但80%左右的调查对象广州话不流利或者不会说,需要借助普通话来与广州本地人进行交流。

(二)广州话水平差异分析

表2 调查对象广州话水平统计

广州话	人数	比例(%)
听不懂也不会说	44	13.21
能听懂一部分,不能说	135	40.54
能听懂,会说一些	85	25.53
说得还可以	46	13.81
说得很不错	23	6.91

调查对象中认为自己能说广州话(即说得还可以和说得很不错)的有20.72%;13.21%的调查对象既听不懂也不会说广州话;66.07%的人只能听懂或听懂一部分广州话,完全不能说或只会说一些简单的话语。

说广州话和居住广州时间长短是否成正比,为此我们统计了居住广州不同年限中会说广州话湖南籍外来人口的人数、学历和职业情况。具体见表3。

表3 不同居住时间会说广州话者人数、学历、职业统计

连续居住广州时间	总人数	会说广州话人数	会说广州话者学历分布	会说广州话者职业分布
21年及以上	46	26(男11女15)	研究生及以上6 本科12 大专及以下8	政府机关工作人员2 事业单位人员11 企业中、高层管理者6 企业主、个体老板1 专业人员1 自由职业者1 学生2 其他2

(续表)

16—20年	44	17(男4女13)	研究生及以上 3 本科 2 大专及以下 12	政府机关工作人员 1 事业单位人员 2 企业中、高层管理者 2 企业主、个体老板 6 企业基层职员 2 家庭主妇 1 学生 1 其他 2
11—15年	47	9(男2女7)	本科 3 大专及以下 6	事业单位人员 2 企业主、个体老板 1 家庭主妇 3 待业人士 1 其他 2
6—10年	63	8(男3女5)	本科 3 大专及以下 5	事业单位人员 1 企业主、个体老板 2 企业基层职员 1 专业人员 1 其他 3
5年及以下	133	9(男2女7)	本科 3 大专及以下 6	企业主、个体老板 2 企业基层职员 2 工人/服务业人员 1 家庭主妇 1 待业人士 1 学生 2
合计	333	69(男22女47)	研究生及以上 9 本科 23 大专及以下 37	政府机关工作人员 3 事业单位人员 16 企业中、高层管理者 8 企业主、个体老板 12 专业人员 2 自由职业者 1 企业基层职员 5 工人/服务业人员 1 家庭主妇 5 待业人士 2 学生 5 其他 9

从表3统计中可得出一些结论:第一,大体来说,在广州居住时间越久,学会

广州话的概率越大,当然是在本人主观上想学广州话的前提下。第二,本次问卷调查333人中,男性150人,占45.05%;女性183人,占54.95%。但学会广州话的69人中,男性22人,只占31.88%;女性47人,占68.12%。在学习广州话这种难度较大的方言时,女性还是稍占优势。但是我们发现,随着居住时间增长,男性学会广州话的人数和女性接近,在居住21年及以上的人口中,男性学会广州话人数为11,女性为15,人数上已经非常接近了。可见假以时日,男性可以和女性语言水平相当。第三,本次调查333人中,研究生及以上学历者为24.32%,本科学历为40.84%,大专及以下学历为34.83%。但在学会广州话人数中,研究生占13%,本科占33%,大专及以下占54%,呈现出学历越低,学会广州话比例越高的趋势。这很大程度上跟不同学历者接触不同人群和有无学好广州话的动机有关。学历较高者多在学校、科研单位,交往者多说普通话,因此少有学好广州话的工作动机。这从职业分布上也可以看出,凡是需要跟广州人打交道的职业,学会广州话的比例相对较高,比如企业主、个体老板总人数28,但会广州话的有12人,有将近一半的企业主和个体老板学会了广州话。

(三) 家庭内部语言选择及其原因探求

在333位调查对象中,已婚者261人,已婚者中有216人夫妻同住广州,有45人丈夫或妻子不在广州同住。有孩子的268人,小孩也在广州一起生活的有197人,还有71位调查对象小孩不在广州居住。

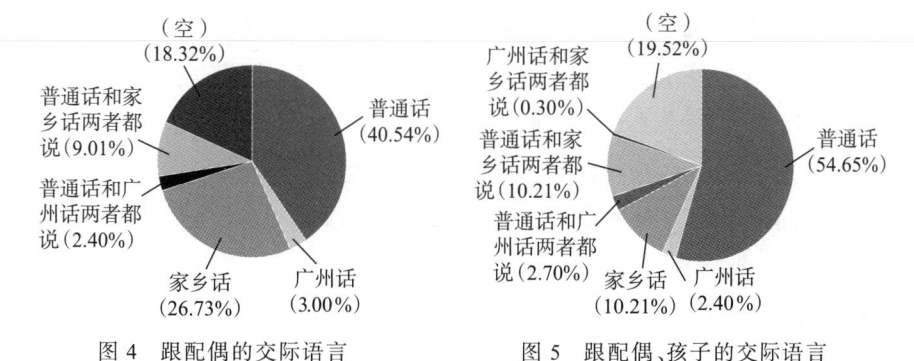

图4 跟配偶的交际语言   图5 跟配偶、孩子的交际语言

图4统计跟配偶的交际语言,跟配偶纯说家乡话的夫妻有89位,占总人数的26.73%。我们在问卷中要求填夫妻双方的家乡,这89对夫妻均是老乡,因此在家庭中夫妻会说家乡话。而图5统计跟配偶、孩子的交际语言,则明显很多家庭选择了普通话或者普通话和家乡话两者都说,纯粹说家乡话的家庭只有34

户，占总人数的10.21%。可见很多父母认为孩子普通话说得好最重要，都主动选择普通话跟孩子交流，使孩子基本没有学家乡话的语言环境。

如果夫妻不是同一个地方人，也都不是广州人，那么夫妻双方和一家人基本上都是说普通话。如果夫妻有一方是广州人，那么家庭语言多半会向广州话靠拢，当然由于广州话难学，这也需要一定的时间。

我们选择一些有代表性的调查对象做了当面访谈或电话访谈，以详细了解书面问卷调查不到的部分。习先生1972年生，初中文化程度，1990年到广州一家粤菜酒店专做粤式糕点。当时点心部伙计10人中就他一个湖南人，其余9个均为说粤方言的广东小伙子，习先生一年多后粤方言就说得很熟练了。1996年回老家结婚，当年女儿出生。1999年夫妻俩一起到广州来，习先生从事装修行业，先打工，后来成了单干户。习先生婚后说粤方言的环境基本不存在，客户多半也是外地人，因此粤方言水平急剧下降，现在能听懂，说得则很一般。妻子帮丈夫打下手，没有出去工作，不会说广州话。习先生儿子跟父母亲在广州，就读于私立小学，只会说普通话。习先生女儿一直在老家，2016年大专毕业后到广州上班，只会说家乡话和普通话。习先生和妻子说家乡话，和妻子、女儿三人之间说家乡话。如果一家四口则说普通话，因为儿子不会说家乡话。

何女士1977年生，初中毕业来广州，后自学拿了大专文凭。1996年到广州四星级餐厅做服务员，跟顾客交流需要说粤方言，一年多就学会说粤方言。1998年底到传呼台工作，也需要用粤方言跟客户交流。2004年担任大桥收费员，也跟同事和本地车主说粤方言。现自己开店当老板，也需跟客户说粤方言。何女士粤方言一直保持高水平。丈夫是江西人，做建材业务，会说简单粤方言。儿子念初三，能听懂粤方言，会说简单粤方言，粤方言水平比父亲略逊一筹。一家三口多数时间说普通话，有时说粤方言。何女士母亲到广州来带外孙，从孩子出生带到12岁，孩子能听懂母亲的家乡话，不太会说。何女士母亲跟女儿说家乡话，跟女婿、外孙说普通话。

卢先生1971年生，本科毕业后到广州工作，能听懂粤方言，会说一些。妻子是陕西人，大学教师，能听懂粤方言，不会说。小孩现读初中，能听懂一部分粤方言，不会说。由于工作中不需要粤方言，因此卢先生基本都说普通话，一家三口也说普通话。

（四）湖南籍外来人口下一代语言状况

我们设计了"您小孩会说广州话吗？"这一选择题。

表4　调查对象下一代广州话水平统计

广州话	人数	比例(%)
听不懂也不会说	105	31.53
能听懂一部分，不能说	53	15.92
能听懂，会说一些	57	17.12
说得还可以	14	4.20
说得很不错	22	6.61
（空）	82	24.62

表4跟表2对比可以看出，调查对象下一代的广州话水平显然不如父母辈，会说广州话的只有36位，而父母辈有69位。听不懂也不会说的有105位，而父母辈中听不懂也不会说的只有44位。这一数据跟孩子在学校经常说普通话，没有很多机会接触到广州话有关系。实际上学校有很多广州本地小孩，如果学校有意识开展一些学习粤方言的课外活动，让外地小孩能跟本地小孩用粤方言进行交流，这种方言的学习成本低廉，对外地小孩更好地融入广州有百利而无一害。

我们还设计了"您小孩会说您或您丈夫/妻子的家乡话吗？（如孩子父母双方的家乡话都会说，但程度不一样，选择说得好的一种填）"这一选择题。具体数据见表5。

表5　调查对象下一代家乡话水平统计

家乡话	人数	比例(%)
听不懂也不会说	46	13.81
能听懂一部分，不能说	73	21.92
能听懂，会说一些	77	23.12
说得还可以	23	6.91
说得很不错	27	8.11
（空）	87	26.13

表5数据显示，下一代能说好家乡话的只有50人。这跟没有家乡话的大环境有关系，也跟家庭小环境有关。夫妻不是老乡的家庭实际上就没有了说家乡话的小环境，因为夫妻之间都用普通话进行交流。我们认为，如果是爷爷奶奶或

外公外婆来带第三代的话,父母应该充分利用长辈的方言资源,让小孩从小自然习得一种方言,这对孩子的语言学习能力是有帮助的。

(五)对普通话、广州话和家乡话的语言认同和评价

我们出了3道多选题,要求调查对象选择对普通话、广州话和家乡话的认同和评价,结果如表6、表7、表8。

表6　普通话评价统计

普通话	人数	比例(%)
实用	311	93.39
亲切	109	32.73
有社会影响	200	60.06
好听	91	27.33
容易学	162	48.65

表7　家乡话评价统计

家乡话	人数	比例(%)
实用	78	23.42
亲切	313	93.99
有社会影响	20	6.01
好听	54	16.22

表8　广州话评价统计

广州话	人数	比例(%)
实用	185	55.56
亲切	46	13.81
有社会影响	131	39.34
好听	104	31.23
难学	136	40.84

在实用性方面,普通话得到了最高评价,93.39%的人认为普通话实用;也有55.56%的人认为广州话实用,可见在很多场合还是需要用到广州话的。在亲切方面,家乡话得到了93.99%的认同,可见家乡话承载了人们浓浓的乡情,是人们情感的一种需求。

三 思考和建议

(一) 进一步提高外来人口普通话水平

从调查中我们可以看到普通话的推广卓见成效。333 位有效调查对象中,在广州跟其他外地人采用普通话作为交际语言人数高达 92.19%,可见普通话在广州外来人口中已成为一种通用语言。调查中跟广州本地人在任何场合都说家乡话的只有 0.60%,也即 2 人,可见调查对象中不会说普通话的人比较少。但我们调查中有 6.01% 的人认为自己的普通话带有较重的家乡口音,严重的会影响到交流。在广州市,今后还要继续提高外来人口的普通话水平,可以考虑在一些外来人口集中的单位进行普通话正音培训。

(二) 给外来人口学习广州话提供良好的环境

广州话是粤方言的一种,借助广州强劲的经济实力,广州话应该比很多方言都要容易保持活力。但实际上在普通话的冲击下,在外来人口语言的影响下,广州话不可避免地遭到磨损,慢慢在发生变化。我们前面提到 2017 年 3 月,广州市常住人口 1405 万人,其中,常住外来人口 533.86 万人。如果我们算上户籍人口里祖籍地不是说粤方言的,广州有可能非粤方言人口要超过粤方言人口。外来人口到广州即使入户广州都不一定会说广州话。广州外来人口第二代实际上没有广州话家庭语言环境,在学校也没有机会跟本地同学学说广州话,除非在以后的工作中学习广州话,因此会说广州话的概率也很小。广府文化很大程度上是通过语言保留和传播。近年来非物质文化遗产传承被提到前所未有的高度,正是保护地方文化战略的体现。面对众多的外来人口,广州市相关部门应该关注外来人口及其下一代的语言文化融入,在学校开设相关的校本课程或者区域课程,推动本地学生跟外来学生的粤方言交流。

(三) 外来人口家庭应积极做好语言规划

广州外来人口家庭应有语言规划意识。既要保留自己的家乡话,尽量把家乡话传承给下一代,又要让孩子学好普通话和广州话。我们觉得提高外来人口家乡话保持意识很重要,在家庭中要尽量跟下一代用家乡话交流,而不要觉得说家乡话会影响下一代学习普通话。实际上孩子处于学习语言能力最强的阶段，家乡话的学习不仅不会影响其他语言的学习，反而会增强孩子的语言学习能力。如果自己和配偶的家乡话一致，要在家里营造家乡话环境，让孩子轻松就学会家乡话。如果自己和配偶家乡话不一致，鼓励孩子学习父亲和母亲的家乡话。如果有长辈来带孩子，不要禁止长辈跟小孩说家乡话，而应该鼓励提倡。现在有很多长辈为了让孩子说好普通话，主动跟晚辈说并不标准的普通话，这样反而让孩子普通话没学好，家乡话也没有学会，得不偿失。

总之，提倡普通话和方言并存分用，提倡每个家庭特别是外来人口家庭有意识地进行家庭语言规划，让我们的下一代轻松掌握普通话、广州话、家乡话，构建和谐语言生活，是本次调查的意义所在。

（邓永红）

在穗外籍人士汉语学习需求调查*

在中国大型城市的国际化进程中,广州吸引着越来越多的外籍人士来工作和生活。截至 2017 年 4 月 25 日,广州常住外籍人士约为 8.8 万,高峰时期(如广交会时期等)人数上升到 12 万。外籍人士的构成主要有:前来广州高校学习的留学生、受聘于广州各单位的外籍员工(如外籍教师、涉外公司管理人员或技术人员、平面模特等)、在穗从事商贸活动的个体商户,以及出于其他原因在华逗留的外籍人士。他们来自世界六大洲 200 多个国家和地区,其中亚洲国家占 54.1%,非洲国家占 17.0%,欧洲国家占 11.5%,北美洲国家占 11.5%,大洋洲国家占 3.2%,南美洲国家占 2.7%。

这些外籍人士抵达广州之后,大部分人会采用多种方式学习汉语。如:前往广州各高校的国际教育学院进行语言学习,在广州市区的语言培训机构进行学习,聘请家教到住所定期教学,等等。

就来穗外籍人士的汉语学习需求情况,我们开展了调查工作,旨在了解不同身份、不同国籍的外籍人士在广州学习汉语的热情、动力和效果,以考察大城市中面向外籍人士的语言教学服务现状。

一 调查对象及方式

(一)访谈

我们选取了 52 名在广州居住时间超过 6 个月的汉语学习者进行半结构访谈①,以了解他们在此的生活状况和汉语学习需求。访谈总时长约为 46.9 小时,平均每位受访者的访谈时间为 54 分钟左右。受访者的主要基本信息如下:

---

* 本文是广州市教育系统创新学术团队"语言生态与服务研究"(1201620012)、广州大学"广州语言生态多样性研究学术团队"(201601XSTD)阶段性成果。

① 半结构访谈指按照一个粗线条式的访谈提纲而进行的非正式的访谈。

表 1　受访者基本信息

在穗身份	年龄	国籍	在华居住时长	目前学习汉语的地点
留学生（19人）	19—27岁	韩国、日本、印度尼西亚、德国、意大利	8个月—3年	广州大学、暨南大学、华南师范大学、华南理工大学等
外籍员工（15人）	34—49岁	美国、英国、法国、韩国、日本、西班牙	1年—10年	誉德莱国际学校、爱莎国际学校、广州三星通讯研究院、广汽本田汽车有限公司等
个体商户（15人）	39—56岁	印度尼西亚、菲律宾、巴基斯坦、叙利亚、印度、韩国	1年—5年	广州儒壹文化发展有限公司、广州汉语桥语言培训、聘请家教等
其他（3人）	17—24岁	坦桑尼亚、阿塞拜疆、刚果（金）	7个月—2年	社区汉语学堂等

（二）问卷调查

我们根据半结构访谈得到的初步结论制作问卷，并请求部分受访者、培训机构和教学机构帮助发放问卷。问卷发放总数为 302 份，回收 243 份，其中有效问卷 227 份。

问卷旨在考察被调查者在广州学习汉语的需求、感受和体验，就以下方面设置多个题目和多种题型：

（1）作为在穗外籍人士，在主观意愿上是否愿意学习汉语；
（2）在广州进行汉语学习的实际情况，如学习时长、地点、学习内容等；
（3）期待学习的汉语内容及方式等；
（4）在穗进行汉语学习的效果评价。

二　调查内容

根据访谈和问卷调查的结果，我们了解到如下信息：

（一）汉语学习需求旺盛，但主观需求各不相同

留学生希望系统地学习汉语知识、了解中国文化，受聘来穗工作的外籍人士希望学习在华生活的基本用语，而在穗经商的外籍人士除了生活用语之外，还希

望了解和学习商贸方面的汉语知识甚至是方言知识。通过访谈,我们发现外籍人士对以下内容存在需求:

(1) 汉语知识(包括汉语普通话的语音、词汇、语法、文字知识);

(2) 生活汉语(包括衣食住行、日常交际等方面的内容);

(3) 旅游汉语(包括国内旅游景点介绍、交通枢纽和交通工具使用等方面的内容);

(4) 商务汉语(包括商务礼仪、商务活动等方面的内容);

(5) 职业汉语(跟学习和工作的专业相关的内容,如某留学生就读法律专业,或者某公司人员从事机械制造行业等);

(6) 地区方言(粤方言知识)。

我们将各类汉语知识进行讲解介绍,并展示部分相关课本[①],给出 1—5 分的选项供受访者选择(分值越高说明主观需求越强),将各题得到的分值相加,再除以受访人数,得到综合评分如下:

表 2 汉语学习不同内容评价分值表

在穗身份	各项分值					
	汉语知识	生活汉语	旅游汉语	商务汉语	职业汉语	地区方言
留学生 (19人)	4.9	5	3	1.2	2.1	3.1
外籍员工 (15人)	3	4.2	1.6	0.4	0.9	2
个体商户 (15人)	4	5	2.1	1.4	0.7	3.9
其他 (3人)	2.9	5	2.4	0.2	0.1	4

这些数值说明:

1. 生活汉语的需求度最高

汉语知识作为所有其他专门汉语学习的打底内容,其重要性得到了较为广泛的认可。所有受访的外籍人士都认为生活汉语最为重要,原因是生活汉语使

---

① 我们选取的汉语知识课本为《轻松汉语(精读)》(北京大学出版社 2010)和《跟我学汉语(综合科本)》(北京大学出版社 2015);生活汉语课本选取的是《轻松汉语(口语)》(北京大学出版社 2010)及部分语言培训机构的自编讲义;商务汉语课本选取的是《初级实用商务汉语》(北京大学出版社 2006)及部分语言培训机构的自编讲义;旅游汉语、职业汉语和地区方言未选课本,仅展示相关的课程讲义或课件。

用频率最高,是基本交流工具。其中,购买食品和乘坐交通工具是外籍人士最关注的两类内容,其次是医疗卫生和安全类内容。这大概能反映出最基本的需求,即生存需求。

2. 商务汉语需求度较低,但有特定原因

在我们针对给分较低的选项进行追问的过程中,发现给出较低分值的普遍原因是"与自己的领域或生活不甚相关",如来华留学生和受聘工作的外籍人士并未考虑在此地经商,所以对商务汉语的需求较小,而在此地进行商贸活动的外籍人士也对商务汉语的需求给出低分值,主要原因如下:

(1)商务汉语课本无法匹配实际的经商活动。传统的商务汉语课本注重商务礼仪、商务谈判等内容的介绍,不能与个体商户的个人采购、交易的活动有效对接,大多数对商务汉语有学习需求的外籍人士,在翻阅了课本之后表示"用处不大"。

(2)在广州的商品买卖活动大部分可以用简单的英语交际完成。不少外籍人士认为,在广州生活的中国人,尤其是年轻人,英语水平较高,在进行商品买卖活动时,中国人往往主动使用英语,凭借简单的英语单词和手势,虽然无法就产品特点和购买过程进行深入交谈,但也能粗略完成买卖活动。

3. 方言学习有一定的需求

部分受访者表现出学习粤方言的兴趣,主要原因在于:

(1)了解当地人的日常用语,方便生活;

(2)方便在商品买卖的过程中听懂商家交流的内容,广东地区有一些独特的商业词汇,有必要进行专门学习,如"唛(商标、标签)"等;

(3)期望借由粤方言学习了解广东地区的文化特色。

(二)影响汉语学习主观需求的因素

在访谈和问卷中,我们也有意识地设置了一些问题,试图去了解受访者在广州的生活状态,发现不同受访者的汉语学习需求程度与其职业、居住区域和休闲方式有一定的关联。

1. 从职业方面看,固定职业的在穗外籍人士,在汉语学习的热情和主观需求上明显低于个体外籍商户和外籍兼职人员。

我们访问了国际学校外籍教师、外资公司管理人员和技术人员,发现此类人群汉语学习的主观需求较低,因为他们职位较为固定,工作过程中主要使用英

语,且工作时间长、压力较大,造成活动空间相对封闭,虽然各国际学校和大型公司也会为员工聘请汉语教师,组织集体的汉语学习,但时间较为分散和短暂,教学内容以介绍广州的风土人情和日常基本用语为主,多数学员将此看作是工作调剂而非自我提升。

个体经商或兼职打工的外籍人士,则认为较高的汉语水平是提升在广州生活水平的重要工具之一,因为这些外籍人士活动半径较大,工作方式包括走访和采购,在很多情况下需要他们自己和中国人(商家或买家)进行交谈,且较为自由,能够安排专门的时间进行汉语学习,这类人群基本倾向于前往广州的语言培训机构学习汉语。除了规定课程的学习之外,他们也将培训机构看作广交朋友、结识合作伙伴的场所,这也从另一个方面增强了他们学习汉语的热情。

2. 从居住区域上来看,居住在广州天河区和越秀区的外籍人士更愿意学习汉语,而住在白云区、番禺区的外籍人士(留学生除外)主观需求较小。

经过访谈得知,造成此现象的主要原因是交通问题。目前广州的汉语培训机构和高等院校主要分布在天河区、越秀区(淘金)以及广州大学城,由于路途遥远,很多居住在白云、番禺等区域的外籍人士都不大愿意在工作之外的时间,专门前往另外的区域,因此,对汉语的学习热情显著低于居住在天河区和越秀区的外籍人士。

三 调查结论

通过此次调查,我们可以得到如下结论:

(一)在穗外籍人士群体身份多样,对汉语学习的需求较为旺盛,但需求点各有不同,需求分化的原因不仅在于其身份各异,还在于其生活方式、主要活动区域和聚居环境的影响。

(二)当前的汉语教学在内容和形式上有创新的必要。创新需要体现时代性和在地性,帮助外籍人士了解城市特点及当地文化,解决工作和生活中遇到的实际语言问题。

(三)语言教学应不仅仅只被看作语言知识和技能的传递,更应与城市社区治理、城市国际化进程结合起来,发挥更大的社会功能和价值,在打造和宣传地区文化特色的同时,增强外籍人士对城市的认同度和融合度,也有助于提升城市的美誉度。

四　相关建议

在访谈中，不少汉语学习者都认为，当前学习到的汉语知识在实用性方面有待提高，形式也应更为多样，经过访谈内容的整理，得到以下观点：

（一）汉语教学内容应进一步注重时代性

除了传统的汉语课本中的语言功能项目，外籍人士还需要学习更多新时代的语言表达方式。在访谈中，几乎所有外籍人士都认为，网络平台上的汉语交际和使用是他们的薄弱环节，同时也是亟待提高的环节。

87%的受访者希望生活汉语的教学中增设网络购物和网上支付的内容，包括购物网站或软件常用语、网络购物交际用语等，其中又有40%的受访者希望了解网络新闻用语和网络社交流行语。几乎所有从事个体经商的外籍人士都表示，如果商务汉语教学的内容以网络采买为背景和内容，他们会更感兴趣，更有动力去学习。

（二）汉语教学的内容和方式应进一步注重在地性

我们在访谈中发现，受访者认为广州"居住舒服""交通发达""食物丰富""商品丰富""居民英语水平不错"等，但对这座城市的其他方面，诸如时令风俗、节日假日和地区方言等，比较缺乏了解。可以说，受访的外籍人士对广州总体评价较高，但认同度和融入度不够，不少外籍人士表示在此生活的客居感和边缘感较为强烈，甚至有部分受访者（主要来自非洲地区）表示孤独感深重，日常生活中情绪较为低落。

我们认为，如果更注重汉语教学内容和方式的在地性，多引介广州本地的实例和文化，教授汉语知识的同时注意传授本地的生活、工作经验，应该能有效解决这一问题。如广州大学城各高校的国际教育学院，会定期引导留学生游览城市景点和参与城市活动（如鼓励留学生担任广州地铁志愿者和广交会志愿者等），有助于外籍人士了解城市的结构和风貌，领略历史文化特色和风土人情。商务汉语的教学中，广州儒壹文化发展有限公司专门开设"广交会汉语"课程，很好地服务了来穗经商的外籍人士，在会展活动较多的时段教学效果良好。

(三)汉语教学应与社区服务的功能结合起来

广州的外籍人士多半采用聚居的方式,密度较高的外籍人士聚居区有天河区的五山、石牌、冼村等区域,越秀区的登峰街、宝汉直街区域,以及白云区的金沙街、远景路和三元里等区域。在这些区域的治理和管辖工作中,地方政府和街道办的工作方式已逐渐从硬性治理转变为软性服务。其中汉语教学就是地区服务的一项重要内容,如白云区登峰街道为外籍人士开设的免费汉语培训,在一定程度上增进了中外居民的彼此了解,同时帮助外籍人士(尤其是闲散人员)有效规划了业余时间,对该区的社区文化建设和治安都起到了积极作用。

(张晓苏)

非洲籍外来人员语言使用状况[*]

近年来,随着广州对外开放水平的不断提升,来自不同国家的外籍人员大量涌入广州。根据广州市政府官方公布的数据,2016年经各口岸入境广州的外国人达269万人次,截至2017年4月25日,广州市在住的外籍人员约有8.8万人。在这些外籍人口中,来自非洲国家的占了17%,约1.5万人。非洲籍外来人员已经成为广州外来人口的重要组成部分。经过多年的发展,目前在穗的非洲籍外来人口逐渐形成了以越秀区的小北路、环市路、宝汉直街、三元里为中心,向外辐射至天河区、白云区、番禺区的散点式族裔聚居格局。对于这一群体,学界一直较为关注。但从已掌握的文献来看,社会学角度的研究较多,语言学层面的研究较少,尤其是对该群体的语言态度、语言使用能力、语言需求等,我们还缺少较为深入的了解。鉴于以上,本文拟在已有研究的基础上,通过问卷与访谈的方式对广州非洲籍外来人口的语言使用状况进行调查。

一 调查设计

(一)调查地点

非洲籍外来人员在广州的聚居点除了越秀区的多条街道以外,在天河、白云、番禺等区也多有分布。但是从社区的形成时间、聚居点的规模以及移民的数量来看,越秀区的非洲移民社区成熟度明显要高于其他聚居点,也更具备典型性与研究价值。鉴于以上,我们将调查地点选在了越秀区的非洲移民社区,具体包括小北路、宝汉直街、下塘西路和三元里。

---

[*] 本文为广州市教育系统创新学术团队"语言生态与服务研究"(1201620012)、广州大学"广州语言生态多样性研究学术团队"(201601XST0)、广州大学2017年校级大学生创新训练项目"广州非洲籍跨国移民社区语言生态调查(CX2017162)"阶段性成果。

（二）调查内容与方法

本研究的调查内容包括了 4 个方面：非洲籍外来人员的语言态度、语言使用能力、在不同环境中的语言使用状况和汉语学习需求。为了最大程度地获取调研对象的信息，我们在调查时采用了混合调查的方法：问卷翻译为英语和法语两个版本，在请受访者填写调查问卷的同时，对其进行深度访谈。

（三）调查对象

本次调查共发放问卷 108 份，回收 108 份，有效问卷 90 份。填写问卷的受访者均参与了访谈。90 份有效样本的具体情况如下：

1. 性别与年龄

表1 研究样本的性别与年龄分布

样本信息	类型	人数	所占比例(%)
性别	男性	87	96.7
	女性	3	3.3
年龄	18 岁及以下	2	2.2
	19—30 岁	57	63.4
	31—40 岁	27	30.0
	41—50 岁	3	3.3
	51 岁以上	1	1.1

根据表1，90 名研究样本中男性共有 87 名，占了 96.7%，占绝对优势，女性仅有 3 名，占 3.3%，性别比例严重不均衡。结合调研过程与访谈，造成这种状况的原因主要有两点：一是社区内的男女人数存在不均衡，男性所占比例要显著高于女性。二是由于宗教、语言、教育程度、族群信任度等的影响，非洲籍女性普遍不愿意接受调查与访谈。这些因素的叠加造成了样本中女性的比例过少。从年龄结构来看，19—30 岁的青年是样本的主体，共有 57 人，占了总人数的 63.4%；其次是 31—40 岁的，共有 27 人，占 30.0%。也就是说，19—40 岁的青壮年是在穗非洲籍人员的主体。

2. 国籍

表 2 研究样本的国籍及人数分布

所属地域	国籍（中文）	人数	所属地域	国籍（中文）	人数
西非（44.4%）	几内亚	9	东非（28.9%）	埃塞俄比亚	11
	塞内加尔	6		索马里	4
	利比里亚	5		肯尼亚	4
	多哥	4		卢旺达	3
	塞拉利昂	3		坦桑尼亚	2
	冈比亚	3		乌干达	1
	马里	2		布隆迪	1
	加纳	2	小计	7 个国家	26
	贝宁	2	中非（17.8%）	刚果（布）	12
	尼日利亚	2		刚果（金）	2
	布基纳法索	1		喀麦隆	2
	尼日尔	1	小计	3 个国家	16
			南非（5.6%）	南非	2
				安哥拉	2
				赞比亚	1
			小计	3 个国家	5
			北非（3.3%）	突尼斯	2
				苏丹	1
			小计	2 个国家	3
小计	12 个国家	40	总计	27 个国家	90

表 2 是研究样本的国籍及人数分布，从中可看出在穗非洲人员主要以西非国家为主，占了所有样本的 44.4%。其次是东非，26 人，占了总样本的 28.9%。处于第三位的是中非，共有 16 人，占了总人数的 17.8%。来自南非和北非者较少，分别占了总人数的 5.6% 和 3.3%。

3. 职业与文化程度

表 3 研究样本的职业分布

人数	商人	学生	公司职员	外教	土木工程师	商人+学生	商人+职员	其他
	45	34	4	1	1	2	1	2

根据表 3，调查对象的职业主要分为两种类型：一是单一型，单独或主要从

事某种职业,该类型的样本共有 85 个,占了总数的 94.4%;二是复合型,同时从事多种职业或兼有多重职业身份,从调查结果来看,主要是部分在校学生兼做商人或公司职员兼从事个人商贸活动,该类样本共有 3 个,占 3.3%。从总的数据来看,来穗非洲人员的职业主体是商人和学生。从样本的职业特征看,从事经贸活动和赴穗学习是非洲籍移民来广州的两个最主要的目的。

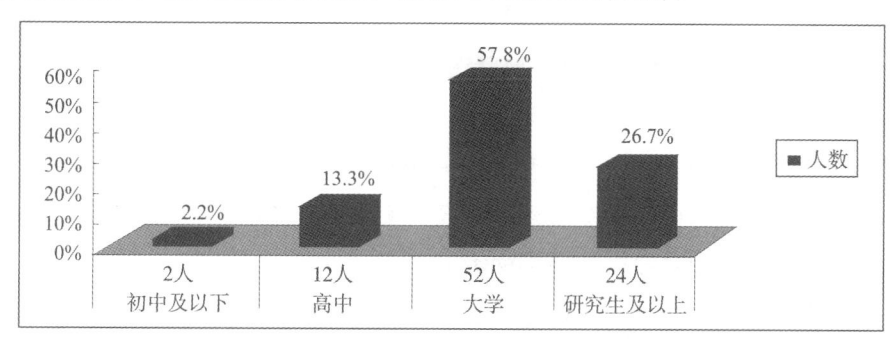

图 1 研究样本的文化程度及其所占比例

根据图 1,研究样本中文化程度为大学的 52 人,占 57.8%,是被调查者中的主体;其次是研究生及以上学历者 24 人,占 26.7%;高中、初中及以下学历者共有 14 人,占 15.5%。来穗非洲籍外来人员以高学历为主,低学历者所占比例较少。出现这种状况可能和非洲籍外来人员的成分构成与职业存在密切关系。

二 结果分析

(一) 语言态度

1. 基本态度

表 4 调查对象对社区内母语外其他语言的基本态度

语言 \ 选项	非常好听和亲切,对我的生活非常重要		好听亲切,对我的生活比较重要		不好听也不难听,生活中可有可无		难听、不亲切,对我的生活不重要		非常难听、非常不亲切,对我的生活非常不重要	
普通话	45	50%	30	33.33%	3	3.33%	10	11.11%	2	2.22%
粤方言	19	21.11%	14	15.56%	37	41.11%	12	13.33%	8	8.89%
英语	79	87.78%	9	10%	1	1.11%	0	0%	1	1.11%

(续表)

社区其他语言（阿拉伯语、维吾尔语等）	36	40%	19	21.11%	25	27.78%	4	4.44%	6	6.67%

根据表 4，调查对象中的 83.33% 认为普通话对生活非常重要或比较重要，总体态度趋于正面。粤方言在所有被测语言中评价度最低，仅有 36.67% 的调查对象持正面评价。对英语的态度是所有语言中正面评价度最高的，97.78% 的受访者认为英语好听、亲切且重要，仅有 1 人持否定态度。对社区内其他语言的调查显示：61.11% 的受访者持积极、正面的评价。

2. 使用态度

表5 调查对象对在社区内使用母语外其他语言的态度

选项\语言	非常支持		支持		不支持也不反对		不支持		非常不支持	
普通话	45	50%	33	36.67%	6	6.67%	4	4.44%	2	2.22%
粤方言	9	10%	23	25.56%	39	43.33%	8	8.89%	11	12.22%
英语	76	84.44%	11	12.22%	0	0%	2	2.22%	1	1.11%
社区其他语言（阿拉伯语、维吾尔语等）	31	34.44%	18	20%	31	34.44%	5	5.56%	5	5.56%

根据表 5，4 个语言选项中，支持度最高的是"英语"，84.44% 的"非常支持"，12.22% 的"支持"。处于第二位的是普通话。"非常支持"和"支持"普通话的调查者占了总人数的 86.67%。超过 50% 的人对在社区内使用"阿拉伯语""维吾尔语"等语言表示了支持，但是同时也有 31 人表示他们对在日常生活中使用这些语言持"无所谓"的态度，因为他们大多不熟悉也不使用这些语言。支持度最低的是粤方言，仅有 35.56% 的受访者表示了支持。

3. 学习态度

表6 调查对象对学习社区内母语外其他语言的态度

选项 语言	非常愿意		愿意		无所谓		不愿意		非常不愿意	
普通话	51	56.67%	33	36.67%	4	4.44%	1	1.11%	1	1.11%
粤方言	14	15.56%	21	23.33%	41	45.56%	3	3.33%	11	12.22%
英语	70	77.78%	11	12.22%	6	6.67%	3	3.33%	0	0%
社区其他语言（阿拉伯语、维吾尔语等）	27	30%	16	17.78%	35	38.89%	7	7.78%	5	5.56%

根据表6，英语是学习意愿最为强烈的语言，调查对象中的77.78%选择了"非常愿意"。这一方面因为部分移民的母语为英语，对其带有一定的情感；另一个更为重要的原因是英语在社群交际与贸易活动中具有极高的实用价值。其次是普通话，通过访谈我们了解到移民学习普通话的目的主要是为了在商业活动和日常生活中与中国人进行交际，尤其是在对方不懂英语的情况下。处于第三位的是"社区其他语言"。意愿最不显著的是粤方言，仅有15.56%的移民表现出较强的意愿。

4. 传承态度

表7 调查对象对下一代学习母语外其他语言的态度

选项 语言	非常支持		支持		不支持 也不反对		不支持		非常不支持	
普通话	53	58.89%	25	27.78%	10	11.11%	2	2.22%	0	0%
粤方言	17	18.89%	22	24.44%	38	42.22%	4	4.44%	9	10%
英语	76	84.44%	11	12.22%	3	3.33%	0	0%	0	0%
社区其他语言（阿拉伯语、维吾尔语等）	40	44.44%	9	10%	31	34.44%	6	6.67%	4	4.44%

根据表7，英语是非洲籍外来人员语言代际传承的首选，84.44%的受访者选择了"非常支持"。这种态度除了受部分移民的母语情感影响之外，英语在国际

交往中极强的工具性价值也是重要的影响要素之一。其次是普通话,58.89%的受访者非常支持下一代学习汉语。访谈中我们发现,相较于短期来穗者,中长期居住者有更强烈的让子女学习汉语的意愿。"社区其他语言"和"粤方言"的支持度较低。

(二) 语言使用能力

1. 语言能力自我评估

表8 调查对象的语言能力自我评估

选项 语言	能准确流利地使用		能熟练使用,但某些表达需要借助其他语言		能比较准确地使用,少量表达需要借助其他语言		只会说一些日常用语,部分表达需要借助其他语言		基本不会说	
普通话	8	8.89%	32	35.56%	16	17.78%	19	21.11%	15	16.67%
粤方言	2	2.22%	9	10%	6	6.67%	13	14.44%	60	66.67%
英语	67	74.44%	16	17.78%	4	4.44%	3	3.33%	0	0%
社区其他语言(阿拉伯语、维吾尔语等)	31	34.44%	11	12.22%	23	25.56%	11	12.22%	14	15.56%

根据表8,非洲籍外来人员的英语能力普遍较高,74.44%的受访者能准确流利地使用英语。对于"社区其他语言",有34.44%的被调查者能流利地使用其中的一种或几种。社区内成员的普通话能力自我评估总体不高,仅有8.89%的被调查者能准确流利地使用普通话。所有语言中,粤方言能力的自评最低。总的来看,非洲籍外来人员的语言能力从强到弱呈现出以下梯级:母语＞英语＞社区其他语言/普通话＞粤方言。

2. 语言能力自我预期

表9 调查对象的语言能力自我预期

选项 语言	非常准确流利		比较熟练和准确		不准确,但可以进行一般交际		听得懂并可以进行简单交际		听懂即可	
普通话	44	48.89%	28	31.11%	11	12.22%	4	4.44%	3	3.33%
粤方言	22	24.44%	17	18.89%	29	32.22%	11	12.22%	11	12.22%

(续表)

| 英语 | 70 | 77.78% | 12 | 13.33% | 3 | 3.33% | 4 | 4.44% | 1 | 1.11% |
| 社区其他语言（阿拉伯语、维吾尔语等） | 25 | 27.78% | 14 | 15.56% | 13 | 14.44% | 11 | 12.22% | 7 | 7.78% |

根据表9，受访者对英语的自我预期最高，77.78%的受访者期望自己的英语水平能够达到"非常准确流利"这一标准。对普通话的自我预期低于英语，但总体仍然较高。期望"非常准确流利"或"比较熟练准确"地使用普通话的总比例达到了80%。对于"社区其他语言"和"粤方言"，受访者的自我期望值均较低，"非常准确流利"这一选项，前者的选择比例是27.78%，后者则是24.44%。多数移民对粤方言和社区内非主要语言虽持包容态度，但学习和自我提升的意愿并不强烈。

（三）语言使用状况

表10 调查对象在家庭内部的语言使用状况

类型	母语		普通话		粤方言		英语		其他语言	
同妻子、孩子交谈	61	67.78%	10	11.11%	0	0%	45	50%	17	18.89%
同父母、兄弟姐妹交谈	69	76.67%	1	1.11%	0	0%	32	35.56%	18	20%
家庭成员聚会	68	75.56%	0	0%	1	1.11%	30	33.33%	19	21.11%

根据表10，在家庭内部同妻子、孩子交谈时61位移民选择了母语，选择比例是67.78%，其次是英语，选择比例是50%。这说明移民群体在家庭内部进行交际时母语是首选，其次是英语。与之类似，"同父母、兄弟姐妹交谈""家庭成员聚会"时的首选语言也均为母语。从以上数据可看出，虽然身处异国，但是母语在移民人员的家庭内部交际中依然扮演着重要的角色。

表 11　调查对象与不同国籍、不同身份的对象交际时的语言使用状况

类型	母语		普通话		粤方言		英语		其他语言	
同本国朋友交谈	64	71.11%	11	12.22%	0	0%	60	66.67%	24	26.67%
同中国朋友交谈	2	2.22%	59	65.56%	0	0%	73	81.11%	2	2.22%
同本国商人做生意	29	32.22%	14	15.56%	0	0%	67	74.44%	18	20%
同中国商人做生意	1	1.11%	49	54.44%	1	1.11%	66	73.33%	1	1.11%
同本国、中国商人之外的商人做生意	12	13.33%	9	10%	0	0%	73	81.11%	23	25.56%
同陌生的中国人交谈	2	2.22%	41	45.56%	0	0%	73	81.11%	2	2.22%
同本国人、中国人之外的陌生人交谈	4	4.44%	3	3.33%	0	0%	79	87.78%	18	20%
同自己的老师或学生聊天	8	8.89%	30	33.33%	3	3.33%	76	84.44%	10	11.11%

根据表 11，非洲籍外来人员除了与本国朋友交谈时倾向于首选母语之外，在与本国人、外国人以及职业伙伴的交际中均倾向于将英语作为第一首选语言。汉语则是非洲籍外来人员与中国人交际时最为重要的辅助性交际语言。

表 12　调查对象在公共场所的语言使用状况

语言 选项	母语		普通话		粤方言		英语		其他语言	
在商场买东西	3	3.33%	60	66.67%	1	1.11%	73	81.11%	4	4.44%
在银行办理业务	2	2.22%	40	44.44%	0	0%	70	77.78%	0	0%
在公交、地铁站乘车	2	2.22%	52	57.78%	0	0%	57	63.33%	0	0%
在医院看病	2	2.22%	38	42.22%	0	0%	70	77.78%	0	0%

非洲移民群体在商场、银行、公交、地铁、医院等公共场所的语言选用情况呈现出较为明晰的特点：将英语作为公共场所的首选交际语言，以普通话作为公共场所的首选辅助语言。根据表12，调查者在各个公众场所的英语选择比例均超过了60%，在商场的使用率更是高达81.11%，是移民群体公共交往的首选语言；普通话的选用比例虽然不及英语，但是在各种公共场所均有40%以上的选用率。

（四）语言需求

表13 非洲籍移民的汉语学习状况及需求

调查项目	选项	选择人数	所占比例(%)
汉语学习意愿（单选）	A.非常希望	82	91.11
	B.希望	5	5.56
	C.可以学，也可以不学	3	3.33
	D.不希望	0	0
	E.非常不希望	0	0
汉语学习动机（可多选）	A.工作需要	45	50
	B.日常交际需要	53	58.89
	C.为了了解中国文化	40	44.44
	D.为了留在中国	15	16.67
	E.为了在中国找工作	12	13.33
	F.个人兴趣	34	37.78
语言技能获取意愿（可多选）	A.能听、说汉语	76	84.44
	B.能写汉语	45	50
	C.能阅读中文	52	57.78
	D.不希望	42	46.67
汉语水平自我期望（单选）	A.非常准确流利地进行交流	64	71.11
	B.比较熟练地使用汉语	10	11.11
	C.不准确，但可以进行一般交际	2	2.22
	D.听得懂并可以进行简单交际	12	13.33
	E.听懂即可	2	2.22
汉语学习途径（可多选）	A.培训机构	25	27.78
	B.跟自己的中国朋友学习	53	58.89
	C.通过网络、手机等自己学习汉语	42	46.67
	D.政府免费的语言服务站	13	14.44
	E.在中国大学里学习汉语	30	33.33

根据表 13,90 名被调查者中,82 名选择了"非常希望"学习汉语,占了总受访者的 91.11%,整个群体表现出非常强烈的汉语学习意愿。从学习动机来看,"日常交际需要"和"工作需要"是该群体学习汉语的首要目的与动机。语言技能获取意愿方面,听说能力是移民群体最希望获得的汉语技能。自我汉语水平期望方面,受访中的 71.11% 希望能非常准确流利地使用汉语进行交流,表现出非常高的自我期望值。学习途径方面,移民的汉语技能获取方式多样化,但总的来看,"向自己的中国朋友学习"和"通过网络、手机等方式自学"是最重要的两条途径。

三 思考与建议

(一)广州非洲籍外来人员聚居区的语言使用状况与语言生态

第一,多语并存,多语兼用,但各种语言在社区生态内的显赫度不同。非洲籍外来人员除了使用母语与英语之外,还依据交际环境的差异选用汉语、粤方言以及其他社区非主流语言,在社会交际中通过兼用两种或多种语言实现其交际意图。各种语言在社区内的地位存在差异,显赫度不尽相同。母语和英语的显赫度高,处于生态圈的核心位置。前者是族群、家庭内部的主导性语言,是移民群体民族认同、身份建构的重要表征;后者是经贸活动、公共交际中的首选语言。汉语处于中层,是社区居民与中国人进行交际与商贸活动时最为重要的辅助性语言,评价积极正面,使用能力一般但学习意愿强烈,部分常住移民有代际传承的意愿,是非洲外来人口融入中国社会最重要的工具。社区内其他语言(阿拉伯语、维吾尔语等)处于中外层,是移民与族群外非华人群体交往时的辅助语言,移民内部对社区内各种非主流语言的使用能力存在差异,但是普遍持较为包容的态度。粤方言处于整个生态圈的最外层,处于边缘位置,认知度不足,使用能力差,传承意愿弱。

第二,生态圈内的各种语言在长期的竞争之中逐步确定自身的核心功能区域并通过彼此协作与功能补位达到一种临时的平衡。母语的核心功能区域是族群、家庭内部,在该功能区内,英语、法语、阿拉伯语是其最重要配属语言。英语是职业领域和公共交际领域的首选语言,在与非中国籍商人的交际当中与法语、阿拉伯语等社区非主流语言相互组配,在公共领域则与汉语、粤方言相互协作,

成功实现了这两个领域的顺利交际。在以中国人为对象的各种领域中(包括日常生活、商贸活动、公共领域等),汉语是最重要的辅助性语言,它与英语相互配合,形成一种功能性补位。总的来说,广州非洲移民社区内部的各种语言在长期的相互竞争与合作之中,通过彼此之间的功能补位逐渐形成了"竞争中存在合作,分工中存在互补"的语言格局。

第三,广州非洲籍外来人员社区将在相当长的时间内维持"两主多辅"的语言生态格局,粤方言作为边缘性语言,其生态地位与生存空间有进一步被压缩的可能性。广州非洲籍外来人员带有明显的"过客"属性,他们中的大多数从事跨国商贸活动或在华留学,留驻时间短,融入中国社会的动机弱。该属性决定了其在语言选择与使用上呈现出二元化特征:家庭、族群内部使用母语表征自我的民族身份;族群、家庭之外的职业领域与公众领域倾向于选择熟练使用、功能强大、覆盖面广的英语作为主导性交际语言。同时,"过客"属性也使其在与中国人的交际中,倾向于选择适用面广的标准语去学习并以之作为最重要的辅助交际语言。而对于粤方言,由于多数社区居民融入本土社会的动机不强,所以一直将其作为边缘性辅助语言。并且,从长远来看,由于其功能区域与普通话存在交叠,其生存空间有遭到进一步压缩的可能。也即,非洲籍外来人口的"过客"特点及其自身的语言状况决定了其社区内部会在较长的时间内维持母语和英语为主,汉语、粤方言和其他语言为辅的语言生态格局。

(二) 广州非洲籍外来人员聚居区语言服务体系的构建

通过对非洲籍外来人员聚居区语言使用状况与语言生态的分析,我们认为可以从以下几个方面为该社区提供相应的语言服务。

第一,社区语言标识多语化。从调查结果来看,非洲籍外来人员聚居区内的商店招牌、路牌、广告牌、标语等,多数只标注汉语或英汉双语。这在一定程度上导致部分母语为非英语的移民在公共服务场所无法快速、有效地识别各种标牌或语言指示,从而造成了工作、生活方面的诸多不便。鉴于以上,相关部门可以尝试在聚居区对实用性较强、适用面范围较广的功能性标志、指示牌采用多种语言进行标记。至于语言的选择,除了汉语和英语之外,移民群体使用较为广泛的法语和阿拉伯语亦可一同标注。

第二,建立社区语言服务站。广州市的非洲人聚居区多设有外国人管理服务站,但就目前的情况来看,这些服务站的功能偏重于信息咨询与生活指引,如向外籍人士介绍入境流程、中国的法律法规，介绍广州的天气、交通和风土人情等，语言咨询与服务功能处于附属地位且较为薄弱。因此，政府的外籍人口管理部门、语言文字部门可以联合高校和社会力量，将管理服务站的原有语言培训职能分离、扩充，成立单独的语言服务站，提升移民社区的语言服务质量。

第三，组建语言服务志愿队。从调查数据看，非洲人聚居区内的多数人虽然有着较强的汉语学习意愿，但对外国人管理服务站的语言培训职能却不甚了解，他们更多的是通过网络、手机自学或在中国朋友的帮助下学习汉语。政府可以依托语言服务站，借助广州的高校、企业、语言培训机构的人力资源组建语言服务志愿队对社区居民进行语言服务宣传，定期开展语言培训，帮助新进移民尽快适应社区语言环境，融入社群。

第四，构建语言服务数字化信息平台。建立外籍人员语言服务网络平台，利用网络的便捷性，及时发布社区语言服务的相关信息，使社区居民能够及时了解语言学习、培训的相关信息。通过服务平台收集社区移民群体的语言服务需求，汇总整理并根据需求及时做出反馈，解决个体语言服务需求。在条件允许的情况下，整合现有可用的语言服务资源，比如汉语和汉字学习网站、各类汉语学习资源包、汉语学习软件等，制作成学习资源库供学习者免费使用。建立外籍人员语言服务与学习微信公众号，定期推送社区语言服务的动态，发布语言免费学习与培训的信息。通过微信公众号与网络平台的联动，密切关注移民的语言需求，及时为社区移民提供各类语言服务信息与帮助。

（张迎宝、王铭滟、冯紫晴）

在穗外籍商务人员学习和使用汉语情况

广州作为中国的南大门,不仅是华南地区的经济中心,也是香港和澳门两大国际贸易港口与内地接轨的枢纽,现已成为外籍商务人员(以下简称"外商")来华经商和居住的选择地之一。2017年8月"一带一路"沿线国家国际职业汉语培训首期示范班开班仪式在暨南大学华文学院举行,首期示范班分为工程与产业园区建设汉语示范班与驻穗外国商会商务汉语示范班。2017年9月海丝博览会主题论坛——产融合作发展高端论坛在广州举行,广州率先推动的"一带一路"沿线国家国际实用汉语培训计划启动,17个境外商协会见证首个具体项目签约,成为海丝博览会主题论坛最受瞩目成果。本文的调查和研究试图为促进商务汉语推广提供一些参考。

一　调查范围和方法

(一)调查范围及目标

调查对象为居住在广州的外商,以外商居住较多的广州珠江新城、小北路、花园酒店为主要调查点。在我们的调查对象中,日韩籍占25%,美加籍占21%,中东及阿拉伯籍占33%,其他国籍占20%(包括德国、英国、意大利、澳大利亚、非洲等不同国籍)。受访者中,有81%为男性,19%为女性。职业范围涵盖4类:贸易人员(采购、销售、物流),占37.84%;管理人员(经理、高级行政管理人员、文秘、行政助理),占39.64%;技术人员(技术代表、技术顾问),占9.91%;其他12.61%。调查的目的是了解外商学习使用汉语的具体情况,包括学习汉语的具体用途、具体原因、学习的难点、学习的方法等,并深入分析影响他们学习和应用汉语成效的因素。从而针对该人群的职业需要提出提高他们学习和使用汉语能力的对策。

（二）调查问卷

调查期间共发出问卷200份。不同调查项目收回问卷不完全相同。在整个调查过程中，由于很多调查问卷都是当面派发，并帮助其完成才回收，因此在每一份调查时，我们都有跟调查对象进行简单交流，以全面了解其学习汉语的情况，这给我们的调查带来了更丰富的材料。

调查问卷设计内容包括：

1. 个人基本信息，性别、年龄、职业、国籍、来中国前学习汉语的经历，每年在中国停留的时间、目前掌握汉语听说读写的能力。

2. 目标情景调查，包括学习汉语的态度和原因、使用汉语的场合、使用汉语的方式、需要学习的内容。

3. 学习需求调查，如汉语学习目标及途径，包括学习方式、学习重点、学习中的困难、学习时间安排、学习环境要求。

（三）访谈

访谈主要以问卷基本内容为背景进行谈话，同时根据问卷调查的不足做补充性的询问。访谈的话题主要内容有：

1. 受访者的姓名、身份、国籍等信息。
2. 在中国的时间，目前的汉语水平，学习汉语的目标愿望动机等。
3. 你经常在用汉语说些什么内容。
4. 你经常与哪些人用汉语商务用语交谈？
5. 你对汉语培训方式的要求。
6. 你学习汉语的具体困难是什么？
7. 来中国前是否有学习汉语的经历？有何体会？
8. 对汉语培训有什么建议？

二 调查结果和分析

（一）外商学习汉语的经历及水平

1. 从何时起开始学习汉语（学习汉语的时间）

从图1可以看出，超过60%以上的外商还没开始或刚刚开始学习汉语，但是学习汉语超过一年的外商近 20%,学习超过 3 个月的外商则近 15%。这说明,虽然汉语学习并没有在外商中普及,但还是有很多人在学汉语。

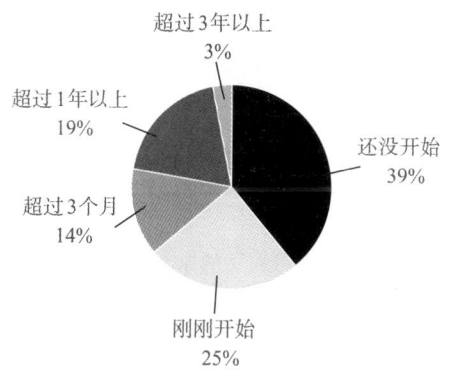

图 1　学习汉语的时间

2. 以何种方式学习汉语

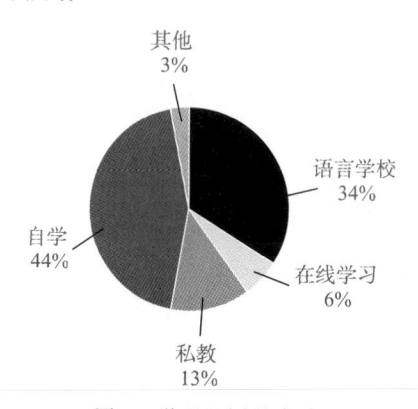

图 2　学习汉语的方式

从图 2 中可以看出,自学汉语的外商比例最大,占 44%,其次是去语言学校学习的,占 34%。在调查时我们获悉,选择到语言学校来学习汉语的,大部分都是选择国内或广州的知名大学就读;选择自学的,很多倾向于和中国朋友一边吃饭一边学,或者用学中文的手机软件来学习。

3. 学习汉语的原因

在学习汉语原因以及意义这部分的数据中,我们看到因为"工作需求,不得不学"的人数比例居第一位占了 55%,其次就是因为"喜欢汉语或汉文化"而学习汉语的人占 36%。而其他原因主要有这些:"为了学习更多东西""为了留在中国生活"。针对外商学习汉语的意义,被调查对象主要从交流、工作和个人三个方面来回答。很多外商都有增强交流能力的意识,他们对汉语以及中国文化都

其他原因 7%
别人学我也学 2%
喜欢汉语或汉文化 36%
工作需求，不得不学 55%

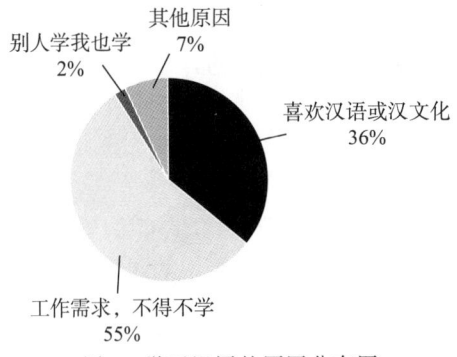

图 3　学习汉语的原因分布图

有浓厚的兴趣，希望通过汉语的学习可以更好地了解中国人，以便更好地在中国生活和工作。从调查得知，外商都很注重与工作伙伴的交流，无论在原因调查题中还是在意义调查题中，他们都表示了学习汉语是为了更好地"与工作伙伴交流"。来到陌生的异国他乡经商，主动与本地人联系交流是很重要的生存方法之一。融入本地人的语言环境，可以帮助减少在异国的社会隔离感、孤独无助感等消极心理因素。在推广汉语的过程中，我们可抓住外国人士学习汉语的基本情况与基本特征，有针对性地进行汉语的传播与推广。

（二）外商使用汉语的情况

1. 使用汉语的年龄结构

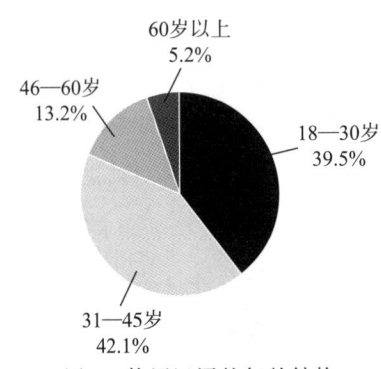

60岁以上 5.2%
46—60岁 13.2%
18—30岁 39.5%
31—45岁 42.1%

图 4　使用汉语的年龄结构

外商使用汉语的频率与其年龄及职位有密切的关系，要了解他们学习的情况，首先应分析与把握不同年龄段的外国成年人学习汉语的心理特点。从图4可以看出，18—30岁占了39.5%，这部分的对象包括毕业留学生、经理、采购商等，毕业留学生大都曾在本国或广州的高校学习过汉语，而年轻经理及商人多数都有学习汉语的经历，因此青年人的学习能力较强，相应的使用汉语的比例也较高。31—

45 岁占了 42.1%，这与本调查报告所定义的调查对象有一定的关联，考虑到外商多为有一定成就的中高层管理人员，需要一定的工作经验积累，因此其年龄阶段为 31—45 岁居多，与实际情况相符。另外，45 岁以上的外商也占一定份额，他们多为有经验的商人，经常到中国开展贸易。但是据调查显示，他们多数不学习汉语，而是聘请翻译，这和他们受教育背景以及受年龄影响学习能力退化有关系。

2. 使用汉语交流的场合

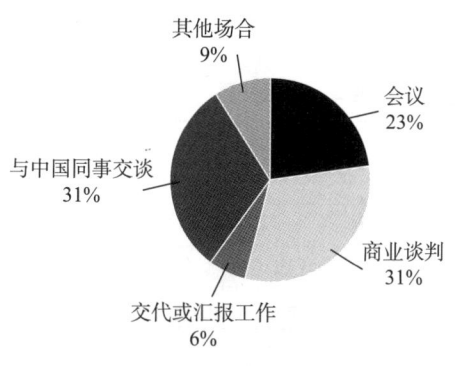

图 5 汉语使用场景

从调查结果中我们可以看到，一般的外商都会在"商业谈判""会议""与中国同事交谈"中使用汉语，分别占了 31%、23% 和 31%。汇报工作使用汉语的却很少，只有 6%。我们调查了解到，很多正在学习汉语的外商表示，他们通常会招聘翻译，帮助他们解决工作过程中语言不通的障碍。但是一些留恋中国市场、有意愿留在中国发展的外商，认为学好汉语还是非常必要的。在广交会时期，我们在调查过程中发现，一部分外商属于首次来中国或每年来一段时间，这些外商通常还没有开始学汉语，对汉语一无所知。他们认为汉语学习难度较高，速成的可能性较小。

（三）外商汉语听说读写能力情况

1. 你的汉语听力如何？

表 1　外商汉语听力

选项	人数	比例（%）
完全能听懂并理解	22	20.8
听懂一部分并知道大意	35	33.0
听懂某些短语和词	31	29.2
完全不懂	18	17.0

这项调查我们收回问卷106份。我们选以前没有学过汉语现在在广州工作时间为半年到一年的外商人员进行调查。找中国人说2—3分钟关于广州地铁线路的分布情况,看被调查者能否听懂。从调查情况看出,17.0%的外商完全听不懂,听懂某些短语和词的有29.2%,能知道大意的是33.0%,完全能听懂并理解的才有20.8%。调查后,我们问外商人员,应如何提高听力,绝大多数人表示多和中国人交流。我们也发现,听力比较好的人,大多有许多中国朋友。

2.你的汉语口头表达能力如何?

表2 外商汉语口头表达能力

选项	人数	比例(%)
说得很地道	10	12.5
能用汉语与中国人流畅交流	16	20.0
能用简单的单词短语和肢体语言表达需求	23	28.8
只会说几句问候或几个词	13	16.3
完全不会说	18	22.5

这项调查我们收回问卷80份。被调查者在广州工作时间为3个月到1年。从上表可以看出,有22.5%的外商完全不会说汉语,只能说几个字和词组的外商占大多数,达到16.3%,但也有20%外商能与中国人流畅交流,说得很地道的占12.5%,共10人,其中两个外商一个是在中国开工厂的美国人,另一个是边经商边学习的欧洲人。我们问这两个人为什么汉语说得很好。他们俩回答的共同点是随时都在说汉语,来广州一年,在工作中边学边说汉语,而且在家里还教小孩和妻子学汉语。

3.你的汉语阅读理解能力如何?

表3 外商汉语阅读理解能力

选项	人数	比例(%)
能全部看懂文章	0	0
大部分读得懂	12	17.6
能够理解整体文本(能理解部分)	12	17.6
仅会读懂一些单词词组	17	25.0
完全看不懂	27	39.7

这项调查我们收回问卷68份。我们选一篇800字左右商务文书对来广州3个月到半年的外商进行调查,从表中可以看出,受访者中没有一个人可以看懂全

部的文章。来广州 3—6 个月加上汉语水平不高,阅读对他们来说是有困难的。阅读,除了认得并理解字面意思,还需要基本的语法构词知识和一定的文化基础。从这个意义上说帮助外商学汉语,还需他们多了解中国的语言和文化。

4. 你的汉语写作能力如何?

表 4 外商汉语写作能力

选项	人数	比例(%)
会写简短的文章	10	14.7
会写短小段落和一些句子	13	19.1
只会写几个词语或汉字	16	23.5
太难了,写不完整	29	42.6

这项调查我们收回问卷 68 份。我们希望外商写 300 到 500 字左右的商务信件,调查看出,有 42.6% 的外商写不出完整的文章,仅 14.7% 人基本写出 300 字左右的信件。会写简短文章的外商与能将汉语说得很地道的外商一样比例较低。

5. 你希望自己的汉语达到什么水平?

表 5 外商希望自己达到的汉语水平

项目	A. 听	B. 听说	C. 听说、认字	D. 听说读	E. 听说读写	总数
填写人数	25(13.9%)	40(22.2%)	25(13.9%)	32(17.8%)	58(32.2%)	180(100%)

由表 5 可以看出,有 13.9% 的调查对象希望自己达到能听懂对方的话并会用汉语表达自己的意思。绝大部分外商由于工作关系需要长期(至少 3 年)在广州生活,他们大多为外企管理人员或顾问,工作期间的媒介语言多为英语,所以对于日常衣食住行所用的汉语,能达到听说熟练的程度已足够。其次,有 22.2% 的外商汉语学习者希望自己在学习过程中能达到听说读写熟练的程度。因为绝大部分学习者是出于工作需要以及纯粹对汉语或汉文化的喜好。一个人若对某种文化感兴趣,他便会有足够的动力和毅力去学习这种语言。

通过分析,我们可以看出,读和写是最困扰外商的障碍,也是他们最薄弱的地方。阅读,除了认得并理解字面意思,还要基本的语法构词知识和一定的文化基础。写有两层含义:一为汉字的书写,由于汉字最初由图画演变过来,象形文字的特性使得方块汉字的笔画很多,要把汉字书写工整需要很长一段学习时间;二为汉语文章的创作,写文章本身就需要运用到语法、构词等各种基础知识,好的文章更需要写作技巧和在理解该文化的基础上创作出来,它是一种综合能力,在此意义上来说,读和写互为汉语运用的表里。说则是外商的"强项",这些在穗工作和生活的外商需要"说"汉语的机会更多,因此锻炼次数越多掌握得越好。语言学习的本质和目的是运用和交际,必须通过在日常生活工作中锻炼和在实践中掌握语言。

三 提高外商学习汉语水平的对策与建议

据调查超过 80% 的外商表示自己曾经以各种方式学习汉语,但他们大部分人也表示学习成效不好。我们发现外商使用汉语由难到易的排列顺序是读、写、听、说。他们语言学习的主要问题表现在:一是词汇量不够多,使用汉语时基本上就用几个专业词和问候语中的几个词;二是不太熟悉汉语的声调特征,他们在口语表达中基本没有抑扬顿挫的变化;三是语法不够准确,这和不够了解汉语组词造句的规律有很大的关系;四是书面表达能力差。他们对中文写作特别是商务文书的特点了解比较少。为提高外商学习和使用汉语的水平,我们认为要努力做好以下几方面。

(一) 增强教汉语的实用性,提高学习效率

在外商集中的地方多宣传和办好汉语学习班,加强汉语培训网校的建设,多体现时效性、针对性,突出个性化特点来帮助外商学习汉语。另外,在制订教学计划时学校和教师应该充分了解学生的文化背景。广州有两大外籍人士商务圈:一是小北花圈,这里的外商多是从事对外贸易工作的,在广州采购商品;另一个是珠江新城商务圈,这里的外商多是被派驻到中国的跨国企业员工。来自这两个商圈的外商具有不同的商务背景,要根据学习者的独特商务背景做出调整,切实从他们的需求出发,帮助他们尽快掌握汉语。

(二) 有针对性地编写商务教材

商务汉语课本的编写不仅要体现汉语语言基础知识,还要体现商务汉语交际性和实用性的特点,贴近外商日常生活和工作,并融入中国商务文化,如商务礼仪等。建议将商务汉语教材分为三大类:一是商务交际技能方面的教材。这类教材重点在于培养商务活动所需的核心技能。二是以商务背景知识为主的教

材。这类教材专业性较强,一方面培养运用语言的能力,更重要的是传授某一商务领域的专业知识。三是以商务为背景的语言教材。这类教材主要涉及一般的商务背景,专业性不强。教材兼顾听说读写能力的训练,强调听说。

(三)加强商务汉语产品开发,促进外商汉语学习的积极性

根据汉语学习需求,有针对性地开发商务类型汉语产品,包括各个层级和不同专业方向的教学资料、各种商务汉语的翻译产品、各类商务汉语图书、音像产品、电子网络产品等,这样能充分发挥其对商务汉语学习和传播的作用,提升汉语的魅力,提高汉语学习者的积极性和学习能力,引发更大的学习需求。

学习汉语不仅仅是让外国商务人员掌握一门语言,更是对汉语言及文化的传播和推广,通过不同民族、文化历史背景、生活习惯的碰撞,实现文化和商业等多领域的交流与合作。在"一带一路"倡议和发展下,汉语的传播和商务汉语的推广对中国经济发展水平和国际影响力的提升有着十分重要的意义。

(徐朝晖)

广州企业语言使用情况[*]

本文旨在通过对广州企业语言使用状况的调查,了解广州市企业职员的语言能力、工作使用的语言,以及对语言在工作中的重要性的看法与态度,为企业和政府制定语言规划,提升语言服务供给能力和供给水平提供参考。

一 基本情况

本次调研采用问卷调查法,问卷为自制问卷,在小规模试测后,对调查问卷进行修改,确立最终问卷。调查问卷通过微信群随机发放,回收问卷180份,其中有效问卷164份,有效率为91%。调查对象的基本情况如表1所示。

表1显示,调查对象女性多于男性,年龄16—60岁,其中21—50岁为主,占96.4%;文化程度以高等教育为主(包括大专、本科、研究生),占78%;在广州连续居住6年以上的占83.6%;主要从事的职业为企业负责人、工程技术人员、金融业务人员、行政办公人员、销售人员,这五者占74.5%;为中高层管理人员的占58.6%;月工资收入10 000元以上的占42.1%。调查对象所在企业近一半为员工规模在300人以上的大企业。

调查对象来自广东、北京、山东、湖南、四川等20个省份,其中广东、湖南、湖北三省最多,占74.5%。母语为普通话的占35.4%,为粤方言的占24.4%,为其他方言的占40.2%。

总体而言,此次调查的样本是一个文化程度较高、在广州连续居住时间较长、在广州企业担任中高层管理工作且收入较高的群体。

---

[*] 本文为国家语委语言文字科研项目优秀成果后期资助2016年度项目(HQ135-3)阶段性成果。

表1　调查样本基本情况

样本类型		人数	百分比(%)	样本类型		人数	百分比(%)
性别	男	50	30.5	母语	普通话	58	35.4
	女	114	69.5		粤方言	40	24.4
年龄	16—20岁	3	1.8		其他方言	66	40.2
	21—30岁	47	28.7	教育程度	初中及以下	5	3.1
	31—40岁	81	49.4		高中/中专	31	18.9
	41—50岁	30	18.3		大专	42	25.6
	51—60岁	3	1.8		本科	72	43.9
在广州连续居住的时间	土生土长	37	22.6		研究生及以上	14	8.5
	10年以上	67	40.9	职业	企业负责人	20	12.2
	6—10年	33	20.1		工程技术人员	26	15.9
	1—5年	22	13.4		金融业务人员	21	12.8
	不到1年	5	3.0		教育培训人员	16	9.8
月收入	3000元以下	10	6.1		行政办公人员	28	17.1
	3000—5000元	27	16.5		宾馆餐饮人员	4	2.4
	5000—10 000元	58	35.4		销售人员	27	16.5
	10 000—20 000元	38	23.2		财务人员	9	5.5
	20 000—30 000元	17	10.4		房产经纪人	4	2.4
	30 000元以上	14	8.5		其他职业	9	5.5
公司员工规模	100人以下	65	39.6	职位	高层管理人员	36	22
	100—299人	20	12.2		中层管理人员	60	36.6
	300人以上	79	48.2		普通职员	68	41.5

二　语言能力

本次调查中,我们从两个方面来考察调查对象的语言能力,一是调查对象能使用的语言种数,二是调查对象的普通话、粤方言和英语的掌握情况。

调查对象能使用的语言情况见表2。

表2 调查对象能使用的语言分布情况

能使用的语言	一种	两种					三种			四种及以上		
	普通话	普+粤	普+家	粤+家	普+英	普+其他	普+家+粤	普+家+英	普+粤+英	普+家+粤+英	普+家+粤+其他	普+家+粤+英+其他
人数	27	22	31	1	3	2	41	13	9	9	2	4
百分比(%)	16.5	13.4	18.9	0.6	1.8	1.2	25	7.9	5.5	5.5	1.2	2.4
	16.5	35.9					38.4			9.1		

164名受调查者中,除了1位母语为粤方言者不能使用普通话外,其余99.4%的人都能使用普通话;能使用粤方言者为88人,占53.6%;能使用英语者为38人,占23.1%;只能使用普通话的单语者占16.5%;能同时使用两种语言的人数为59人,占35.9%;能使用3种及以上语言的"多语者"为89人,占54.3%;能使用4种以上语言的有29人,占17.7%。在广州,粤方言属于强势方言,受访者中有53%的人能同时使用普通话和粤方言,13.4%的人能同时使用普通话、粤方言和英语。

表3 调查对象的普通话、粤方言和英语水平

选项	普通话水平	粤方言水平	英语水平
说得很好	48.2%	29.9%	5.5%
说得还行	48.8%	22.6%	14.6%
听得懂,能说一点	2.4%	23.2%	32.9%
能听懂一部分,不会说	0%	16.5%	27.4%
听不懂,也不会说	0.6%	7.9%	19.5%
本题有效填写人次		164	

表3显示,调查对象中几乎所有人员的普通话水平都达到"说得还行"的程度,有52.5%的人员粤方言水平达到"说得还行"和"说得很好"的水平,另外有23.2%的受访者粤方言水平为"听得懂,能说一点"。受访人群中只有24.4%的人

以粤方言为母语,这一数据表明有51.3%母语非粤方言者掌握了粤方言听说技能或听的技能。英语水平达到"说得还行"及以上水平的为20.1%,还有32.9%的人英语为"听得懂,能说一点"。受访者中52.4%的人为本科及以上学历,表明他们一般通过了国家英语四、六级考试,这从侧面反映出我国本科英语教育存在的问题,即学生所掌握的多为"哑巴英语",说的能力较弱。

总体而言,调查对象基本都具有良好的普通话水平,超过一半的人具有较好的粤方言能力,接近一半人能使用三种及以上语言。

三 语言使用

在调查语言使用时,我们考察了调查对象在企业内部和企业外部交流时的语言使用情况,另外还考察了调查对象面对客户时是否会根据客户需求选择语言的情况。其中,企业内外语言使用分为三种情况:第一是与一般同事交流的语言使用,第二是与老乡同事交流的语言使用,第三是与客户交流的语言使用。

(一)企业内外语言使用情况

调查对象与同事交流、与老乡同事交流和与客户交流时的语言使用情况见表4。

表4 调查对象工作时使用的语言

选项	与同事交流使用语言	与老乡同事交流使用语言	与客户交流使用语言
普通话	62.8%	42.68%	66.46%
粤方言	4.27%	14.63%	3.66%
家乡话	0.61%	10.98%	0%
英语	0%	0%	0.61%
普通话+粤方言	25.61%	9.15%	18.9%
普通话+家乡话	3.05%	15.85%	0%
普通话+英语	1.83%	0%	3.05%
普通话+粤方言+家乡话	0%	6.71%	4.27%
普通话+粤方言+英语	1.83%	0%	2.44%
普通话+家乡话+英语	0%	0%	0.61%
其他组合	0%	0%	0%
本题有效填写人次		164	

表4显示,调查对象与同事、老乡同事和客户交流时普通话都是最主要的语言。与同事交流时,第一语言是普通话,使用者人数占95.12%;第二语言是粤方言,使用者人数占31.71%。

与老乡同事交流时,普通话仍是首选语言,有74.39%的会使用普通话或普通话加其他语言与老乡同事交流,家乡话成为老乡同事间交流的第二大语言,有33.54%的受访者表示会使用家乡话或家乡话加其他语言与老乡同事交流。这说明,尽管与老乡同事有共同的家乡话可以交流,但是在工作中首选还是普通话。与客户交流时,第一语言仍是普通话,第二语言为粤方言,选择使用英语的比例上升为0.61%。

总体而言,调查对象在工作中主要使用的语言是普通话,其次是粤方言,在与老乡同事交流时,也会时常使用家乡话,可以说是一种以普通话为主的双语或多语交流。

调查对象认为公司内部交流的最佳语言,排第一位的是普通话,占88.4%;第二是粤方言,占10.4%。如表5所示。

表5 调查对象认为公司内部交流的最佳语言

选项	小计	比例(%)
普通话	145	88.4
粤方言	17	10.4
家乡话	2	1.2
英语	0	0
本题有效填写人次	164	

工作领域的语言使用和语言选择除了满足交际需求外,还要考虑利润动机。一些实证调研发现,商户在与客户交流时存在使用客户语言,以拉近与客户间距离的倾向。我们在本次调研中也对此进行了考察,结果发现有50%的人会根据客户需求选择语言,有24.4%的人"很少会"或者"从来不"根据客户需求选择语言。企业与客户交流时是否根据客户需求选择语言,是企业语言服务意识的一个表现,特别是对服务业而言,选择客户的语言进行交流能增加客户的亲切感,提高服务质量,在某种程度上能促进交易的达成。

表6 是否根据客户需求选择语言

选项	小计	比例（%）
每次都会	35	21.3
经常会	47	28.7
偶尔会	42	25.6
很少会	18	11
从来不	22	13.4
本题有效填写人次	164	

（二）语言交际效果

表7 语言交际效果

选项	与同事的语言交际效果 人数	与同事的语言交际效果 比例（%）	与客户的语言交际效果 人数	与客户的语言交际效果 比例（%）
非常好	92	56.1	73	44.5
好	62	37.8	75	45.7
一般	9	5.5	13	7.9
差	0	0	1	0.6
非常差	1	0.6	2	1.2
本题有效填写人次	164			

表7显示，调查对象与同事和与客户的语言交际效果总体上都比较好，90%以上的调查对象自认为语言交际效果"好"或者"非常好"，基本不存在语言交流障碍问题。

四 语言态度

在本次调查中，我们主要考察调查对象对普通话、粤方言和英语3种语言的实用性的态度，也就是对3种语言在工作中重要性的认同程度。在进行问卷设计时，我们选取了"对企业内部交流很重要"（简称"内部交流"）、"对完成工作很重要"（简称"完成工作"）、"对融入企业很重要"（简称"融入企业"）、"能让我在企业受到重视"（简称"受到重视"）、"有助于我职位升迁"（简称"职位升迁"）、"对与客户沟通很重要"(简称"客户沟通")6个项目来考察受众对3种语言对工作的重要性的看法。调查对象对每个项目的认同程度打分,分为"完全不同意""不同意""无所谓""同意""完全同意"5个级别,分别计为1分到5分,得分越高,认同程度也就越高。这6个项目评价的平均分就是语言实用性态度得分。

表8　各个项目得分的3组比对结果*

	普通话	粤方言	英语
	164	164	164
项目	A	B	C
对企业内部交流很重要	4.49BC	2.98C	2.63
对完成工作很重要	4.51BC	2.85	2.62
对融入企业很重要	4.23BC	3.18	3.15
能让我在企业受到重视	3.74BC	2.91	3.43B
有助于我职位升迁	3.46B	2.77	3.28B
对与客户沟通很重要	4.26BC	3.31	3.10
平均分	4.09BC	2.94	3.02

*置信水平为95%。

我们运用SPSS23.0统计软件,对调查对象对普通话、粤方言和英语对工作重要性的认同度进行统计分析,结果如表8所示。调查对象对普通话、粤方言和英语的实用性认同度平均分分别为4.09分、2.94分和3.02分,这表明总体上来说,调查对象对"普通话对工作很重要"这一观点基本是完全认同,对"粤方言对工作很重要"和"英语对工作很重要"这两个观点基本持无所谓的态度。普通话的重要性要显著高于粤方言和英语的重要性,在置信水平为95%的情况下存在显著性差异,也就是说调查对象对普通话和粤方言与英语的认同差异具有统计学意义,但是对粤方言和英语的重要性的认同不存在显著差异。

就6个项目来说,关于对普通话、粤方言和英语3种语言"对企业内部交流很重要"的认同,普通话为4.49分,粤方言为2.98分,英语为2.63分。这表明总体而言,调查对象对"普通话对企业内部交流很重要"的观点持认同态度,对"粤方言对企业内部交流很重要"的观点持无所谓的态度,对"英语对企业内部交流很重要"的观点几乎持不认同的态度。对普通话的认同要显著高于对粤方言和英语的认同,同时对粤方言的认同又要高于对英语的认同。

关于"对完成工作很重要"的认同，普通话、粤方言和英语分别为 4.51 分、2.85 分和 2.62 分。这表明，总体而言调查对象对"普通话对完成工作很重要"的观点持同意的态度，对"粤方言对完成工作很重要"和"英语对完成工作很重要"的观点都是持差不多不同意的态度。就对完成工作的重要性而言，普通话的认同度要显著高于对粤方言和英语的认同度。

关于"能让我在企业受到重视"的认同，普通话、粤方言和英语分别为 3.74 分、2.91 分和 3.43 分，这表明，总体而言调查对象对"普通话能让我在企业受到重视"的观点基本持认同的态度，对"英语能让我在企业受到重视"的观点持介于无所谓和认同之间的态度，对"粤方言能让我在企业受到重视"的观点基本持无所谓的态度。对普通话的认同要高于对粤方言和英语的认同，而对英语的认同又要显著高于对粤方言的认同。

关于"有助于我职位升迁"的认同，普通话、粤方言和英语分别为 3.46 分、2.77 分和 3.28 分，这表明调查对象对"普通话有助于我职位升迁"和"英语有助于我职位升迁"的观点都持介于无所谓和认同之间的态度，对粤方言则持介于不认同和无所谓之间的态度，对普通话和英语的认同要显著高于对粤方言的认同。

关于"对与客户沟通很重要"的认同，普通话、粤方言和英语分别为 4.26 分、3.31 分和 3.10 分，这表明调查对象对"普通话对与客户沟通很重要"的观点持介于认同和完全认同之间的态度，对"粤方言对与客户沟通很重要"和"英语对与客户沟通很重要"则持介于不认同和无所谓之间的态度。对普通话在与客户沟通中的重要性的认同要显著高于对粤方言和英语在与客户沟通中的重要性的认同。

五 启示与建议

本次调查对象几乎都具有良好的普通话水平，有部分母语非粤方言者也具有较好的粤方言听说能力，语言能力总体上为"普通话+×"的双言双语者或多言多语者。在企业内部交流和对外交流中，呈现以"普通话为主，粤方言为辅的多言多语"使用状态，普通话居于绝对优势地位，粤方言在工作中的使用机会低于普通话，高于其他语言。调查发现，广州企业职员的英语水平总体来说不是特别高，尽管调查对象绝大多数具有高等教育水平，但是英语的听说能力，特别是说的能力比较弱，企业工作中英语的使用概率也比较低。

第三部分

社群篇

在对普通话、粤方言和英语在企业工作中的重要性的调查中发现,大家对普通话的重要性的认同要显著高于对粤方言和英语重要性的认同,普通话对"内部交流""完成工作""融入企业""受到重视""职位升迁"和"客户沟通"等方面的重要性都要高于粤方言和英语。调查对象认为,在企业内部交流中,粤方言比英语重要,而在提升职员在企业中的地位和职位升迁中,英语比粤方言更为重要。

企业是最重要的社会经济组织,是市场经济最重要的参与主体,是人们从事生产性劳动的主要场所,企业语言使用状况是我国工作领域语言使用状况的一种投射,企业职员的语言能力则是我国劳动力整体语言能力的一种反映。广州作为"广东省省会、国家历史文化名城、我国重要的中心城市、国际商贸中心和综合交通枢纽",地处粤港澳大湾区的中心,在大湾区建设中将扮演重要角色,广州将迎来难得的发展机遇,也将面临新的挑战。随着全球化和信息化的发展,语言生活和语言管理已经成为企业发展的重要影响因素,企业语言生活和谐,可以降低企业生产成本和交易成本,促进企业发展,反之如果企业语言生活不和谐,不能满足企业发展需求,则会增加企业成本,阻碍企业发展。此次调研,受到时间、精力和本人知识能力的限制,样本量较小,调查结果不能说完全反映了广州市企业语言使用的总体状况,但还是发现了具有广州地域特色的语言使用状况。根据广州城市发展定位,我们提出以下建议。

第一,加强普通话推广工作。普通话已经成为广州企业内部和外部交流的主要语言,普通话是劳动者进入广州企业工作的一项基本能力,普通话能力的缺乏将会限制劳动者进入广州企业工作。因此,对个体而言,特别是对农民工而言,应积极学习普通话,提升普通话水平,以便适应广州劳动力市场需求,更好地融入广州企业。广州市政府的相关部门应做好普通话的推广培训工作,帮助劳动者掌握普通话。企业应加强职员的语言能力管理,在职员招聘时将应聘者的普通话能力纳入考察范围,尽可能对职员进行语言能力培训。

第二,加强企业外语人才管理,营造企业外语生活氛围。"一带一路"倡议的实施将会推动更多企业"走出去",拓展海外市场,参与国际竞争。但是在这方面我国劳动者在外语能力上还未做好充足准备。本次调查有两个重要发现,一是广州企业中英语使用概率较低,二是劳动者的英语能力总体较弱,特别是说的能力。尽管目前世界语言版图在渐进变化,随着中国经济实力和综合国力的增强,汉语的国际地位在提升,但不能否认英语仍是当今世界最重要的通用语言,劳动者英语能力的强弱最终将影响到企业的国际化进程。提升企业职员的英语水平

在广州实现新城市地位、特别是成为"国际商贸中心和综合交通枢纽"中具有重要意义。分别有 54.3% 和 48.3% 的调查对象对"英语能让我在企业更受重视"和"英语有助于我职位升迁"持认同或完全认同态度,这说明企业比较重视英语能力良好者,从侧面反映英语人才的缺乏,而企业又有对英语人才的需求或潜在需求。为适应"走出去"的发展战略,企业应加强外语人才的管理,营造良好的外语生活氛围,使职员在工作中有更多学习和使用外语的机会。

第三,处理普通话和粤方言在不同领域的社会职能分工。粤方言是广州的强势方言,在企业中的使用概率仅次于普通话,在广州生活域中的使用还较为普遍。从长远来看,粤港澳大湾区一旦实施,广州与香港、澳门地区的联系将更为紧密,在工作域中如何处理好普通话与粤方言的关系,区分普通话和粤方言在不同领域的社会职能分工,做好相关的语言服务平台建设,对广州企业发展,对粤港澳大湾区语言生活的和谐显得尤为重要和必要。

(王海兰)

小学生参赛作文语言使用调查

一 背景介绍

"南都杯"广东省中小学生非虚构作文大赛(2016年11月至2017年8月)由南方都市报和广州大学等单位主办,旨在通过非虚拟作品展示中小学生的思想、才华和对人生的独特感悟。大赛历时10个月,共收集学生参赛作文7000余篇。这批作品不拘泥于应试思维,贴近日常生活,可以较为客观地反映出当下广东省中小学生的汉语表达水平。

大赛分小学组、初中组和高中组3个级别,其中小学段共收取参赛作品1391篇,作文语料合计975 441字次(不含标点、西文、数字、字母等字符)。本文主要立足小学段参赛作品语料,从字、词和句子3个角度考察当下广东省小学生的汉语表达能力。

二 汉字使用情况

小学段语料字种数共计4175个,从文本覆盖率的角度来看,具体情况见表1。

表1 小学段语料字种的覆盖率情况

达到50%的字种数		达到90%的字种数		达到99%的字种数	
字种数	比例(%)	字种数	比例(%)	字种数	比例(%)
100	2.40	923	22.11	2400	57.49

从表1可见,小学段语料仅100字的累积字次便覆盖全部语料字次的一半,923字的覆盖率已经高达90%,而2400字的覆盖率达到99%,说明广东省小学生的用字水平即在2400个左右。此外,小学段用字在《通用规范汉字表》中的分布情况见表2。

表 2　小学段语料字种的分级情况

类型	一级	二级	三级
《通用规范汉字表》	3500	3000	1605
小学段字种数	3407	750	18

如表 2 所示,小学段语料用字出现在《通用规范汉字表》一级字表中的有 3407 个,占 3500 个一级字的 97.34%;出现在二级字表中的字种数只有 750 个,占 3000 个二级字的 25%;出现在三级字表中的字种数仅 18 个,占 1605 个三级字表的 1.12%。可见,广东省小学生识字范围总体在一级字表,二级字表有少量接触,三级字表数量更少。从字频统计来看,前 20 位高频字列举如下。

表 3　小学段语料高频字表

序号	字种	次数	频率(%)	累计频率(%)
1	的	41 022	4.21	4.21
2	我	31 355	3.21	7.42
3	一	22 444	2.30	9.72
4	了	21 780	2.23	11.95
5	是	13 559	1.39	13.34
6	不	12 266	1.26	14.60
7	在	10 092	1.03	15.64
8	们	9592	0.98	16.62
9	有	9419	0.97	17.58
10	上	7665	0.79	18.37
11	个	7562	0.78	19.15
12	来	7557	0.77	19.92
13	妈	7409	0.76	20.68
14	这	7263	0.74	21.42
15	到	7146	0.73	22.16
16	着	7059	0.72	22.88
17	人	6634	0.68	23.56
18	地	6542	0.67	24.23
19	就	6390	0.66	24.89
20	小	6103	0.63	25.51

与基于大型语料库的汉字字频相比,小学段高频字在遵循汉语书写基本规律的前提下,也凸显出自己的特色。比如:上表显示"我"字排名高居第二位,说明小学生的自我意识正在逐步建立;"妈"字使用频率也较高,表明小学生的日常生活与母亲最为密切,而其他亲属角色汉字均未出现在前20位。

小学段作文语料中的三级字主要是一些生僻的人名用字、方言用字、地名用字等,这18个汉字具体为:哒、淼、珺、晖、簕、廑、瑗、涩、扞、楞、龇、溢、纶、侹、桠、吒、夈、晢。

三　词语使用情况

本文统计了覆盖小学段语料90%的高频词种,共计6093个。在这些高频词中,频次高于400(包含400次)的词语共计187个,累计306 856词次,涵盖48.99%的语料。在这187个词里面,去除起语法作用的大量虚词,以及部分量词、副词、趋向动词等之后,最终归纳出与小学生日常生活关联度较高的37个高频词语,见表4和图1。

表4　小学段语料高频词表

序号	词种	次数	频率(%)
1	我	24 108	3.96
2	我们	5499	0.90
3	妈妈	3393	0.56
4	不	3322	0.55
5	你	2939	0.48
6	她	2774	0.46
7	他	2649	0.43
8	它	1892	0.31
9	爸爸	1836	0.30
10	老师	1650	0.27
11	想	1635	0.27
12	自己	1445	0.24
13	同学	1353	0.22
14	被	1289	0.21

（续表）

15	他们	1150	0.18
16	吃	895	0.14
17	最	893	0.14
18	玩	847	0.14
19	一起	675	0.11
20	家	671	0.11
21	大家	669	0.11
22	时间	617	0.10
23	生活	603	0.10
24	爱	586	0.09
25	心里	581	0.09
26	觉得	553	0.09
27	学习	544	0.09
28	孩子	517	0.08
29	笑	488	0.08
30	爷爷	488	0.08
31	您	467	0.07
32	奶奶	461	0.07
33	买	457	0.07
34	眼睛	444	0.07
35	学校	437	0.07
36	它们	420	0.07
37	手机	416	0.07

图 1　小学段语料高频词云图

这些高频词基本上反映出当下广东省小学生的实际生活状况,我们从以下几个角度粗略分析一下。

(一) 人群接触

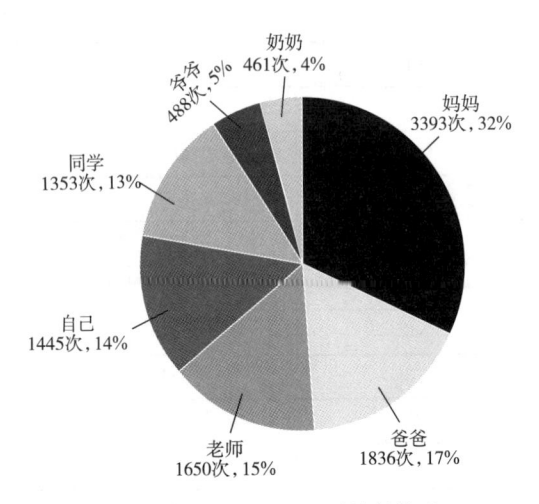

图 2　高频词揭示的人群接触情况

由图 2 可见,广东省小学生在日常生活学习中,与妈妈的接触最为频繁,高达 32%,而与爸爸的接触虽然位居第二位,但比例降至 17%。其次,老师、同学、爷爷和奶奶也是小学生最常见的接触群体。

(二) 代词单复数

我们检测了单数人称代词(我、你、她、他、它、您、自己)和复数(我们、你们、他们、她们、它们)人称代词的出现频率,二者的比例见图 3。

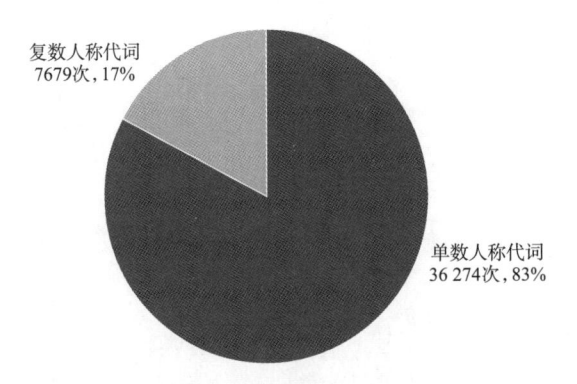

图 3　高频词揭示的人称代词单复数情况

单数形式远高于复数形式,分别占 83% 和 17%。这种情况的出现,一方面可能跟独生子女比例较高有关,另一方面也可能跟个体意识的建立有关,在写作中习惯频繁使用"我"。

(三)动词与行为

我们筛选了高频词中的动词,这些动词可以总体上反映出当下广东省小学生的真实生活状况,见图 4。

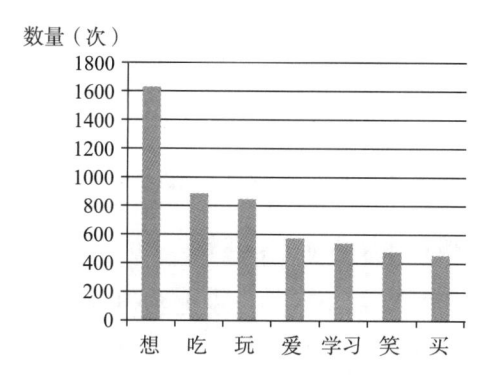

图 4 高频词揭示的动词与行为情况

四 成语使用情况

小学段语料中出现的四字格成语共 1532 个,排在前 20 位的高频成语如下:

表 5 小学段语料高频成语表

序号	成语	次数	序号	成语	次数
1	小心翼翼	96	11	情不自禁	30
2	迫不及待	77	12	狼吞虎咽	28
3	不知不觉	69	13	欢声笑语	27
4	五颜六色	54	14	气喘吁吁	25
5	五彩缤纷	42	15	争先恐后	25
6	忐忑不安	40	16	翩翩起舞	24
7	兴高采烈	38	17	炯炯有神	23
8	津津有味	36	18	人山人海	23
9	不由自主	33	19	自言自语	23
10	依依不舍	31	20	垂头丧气	22

我们对排在第六位的"忐忑不安"进行了统计分析,发现导致小学生心理忐忑的诸多因素,详细情况见图5。

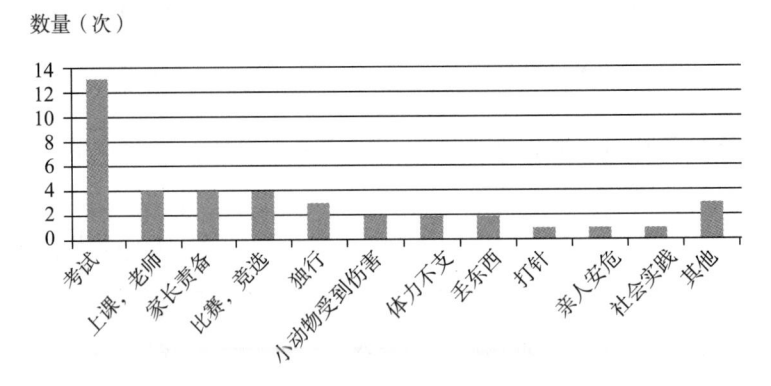

数量(次)

考试　上课、老师　家长责备　比赛、竞选　独行　小动物受到伤害　体力不支　丢东西　打针　亲人安危　社会实践　其他

图5　小学生心理忐忑原因统计分析

使用该成语的几例具体文本如下:

(1)我一直坐在座位上,心里<u>忐忑不安</u>,七上八下的。我等待着,又期待着,好担心啊!终于,老师念到了我的名字和分数,那是一个刚刚跨过及格线的分数。

(2)在我四年级时,数学成绩并不好。每当看到那些老师心目中的"天之骄子"被老师点中,上台讲题时,心里又是羡慕,又是嫉妒,很不是滋味。我多么希望我也能被老师点中啊!可惜,我不是优等生。直到有一天,上课铃急促地响了起来,我怀着<u>忐忑不安</u>的心情,坐等上课。随着一阵脚步声,老师进了教室,说道:"今天,我们请成绩不好的同学讲题。"我一听,心中大惊,今天怎么办呐?我肯定在劫难逃了!

(3)那一顿饭,餐桌上是异常的安静。或许各人都在想着自己的心事吧,谁也不想先发话去打破这份平静。特别是我,还在为昨晚的事<u>忐忑不安</u>,不敢对上妈妈的目光,一边却又小心翼翼地观察着妈妈的举动。

(4)8月7日,一个夏日,阴雨下个不停,中间有短暂的天晴。我<u>忐忑不安</u>地坐在小提琴考场外,心情十分沉重。妈妈一直努力把我<u>忐忑不安</u>的心态调整平静些,不停地安慰我,但我的心情却久久不能平静下来。终于,到我了,但我依旧<u>忐忑不安</u>,怯怯地进入了严肃又可怕的考场。

上述4个例子,分别刻画了自己对"考试""上课""家长""比赛"的恐惧心理,尤其是例(4),短短一段话竟用了3次"忐忑不安"。通过语料对忐忑原因的分析,应该引起教师和家长的重视,关注学生心理状况,以便在教学和生活中更好地陪伴孩子成长。

五　句子使用情况

按句号、问号、叹号等为句子终结标记来统计,小学段全部语料共计 35 913 个句子(单句和复句),平均句长 27.64 个汉字。此种计算标准下,统计得出的最长句子含有 300 多个汉字,即所谓的"一逗到底"。这种情况的出现,一方面说明相关小学生在平时不太注重标点符号的使用规则;另一方面,则说明相关小学生逻辑思维能力欠缺,理不清多个句子之间的逻辑关联。摘录几个繁杂的句子如下:

(5) 今天,在坐地铁八号线的时候,当地铁门一打开时,原来在站台上排列有序的队伍一下子变得混乱起来,年轻人都拼命往车厢里冲挤,把老人小孩都往后面挤,年轻人都往"老、幼、病、孕妇、抱婴者"专座拼命地抢座,目睹年迈的老人随着车厢的晃动而吃力地抓紧扶手,坐着的年轻人视而不见的一坐下来就玩手机的样子,身为少先队员的我,心里感觉非常不是滋味,对我的心理冲击很大,经过一个站后,有一位年轻人刚要站起来准备下车,说时迟那时快,旁边的一个年轻女孩蹦的一下坐在那个空位上,脸上还沾沾自喜的笑着,拿出手机有讲有笑得打着电话,顿时觉得她的样子真难看,素质都去哪儿了,此时,我的心里更加难受了,马上走过去跟那个阿姨说:"阿姨,请问能不能让个位给老奶奶坐一下?谢谢!"阿姨抬头看了一下,脸一下子通红起来,很尴尬的一句话也没说就站起来并快速离开了这节车厢。

(6) 村里有年初一家家相互拜年的习俗,爸爸说这是一种很美的传统,可以增进乡亲的感情,拜年时到别人家,主人会给孩子们装糖,最不能少的是香烟,无论年岁都要递烟这是一种尊重,年初一一大早我们就要跟大人们外出拜年,当然邻居也上爷爷家来拜年,临出门前爷爷拿出早准备好的烟递给爸爸(虽然爸爸从不抽烟)并一再嘱咐要装他备好的,别的不行,我不懂烟但从爷爷的表情中感觉到了什么,后来我终于明白全村人几乎准备的都是一种叫"中华"的香烟,据说这烟够档次,如果换了别的没有档次的烟会丢了自己的"脸面",来拜年的人中大都穿戴整齐,衣着中不少名牌,聊天的内容也不再是乡下的事,都是关于赚钱的话题,还有盖楼与买车。"

按逗号、句号、问号、叹号等为句子终结来计算,小学段全部语料共计103 798个句子(单句和分句,可统称为小句),平均句长 9.32 个汉字。此种计算标准下,也发现了许多繁杂的句子,如下:

(7) **在寒风中卖菜为生的空巢老人、违规执法的城管、在泥地上弹跳的白花菜、一双双沾满烂泥和眼泪的手、写着创建文明城市的横幅、二话不说就踢出去的腿和有的来之不易,有的随手拈来的人民币**,在我的头脑中交织在一起,碰撞着,但更多的是思考如何解决的办法。

(8) 还有多少只被抛弃后的流浪猫咪艰难地生活在**装满废弃食品的垃圾桶里、温暖的车子底下、小区的某个草丛里**等等我们所看不见的阴影里。

(9) 小玉导游所说的,都与我们生活息息相关,特别是她用银梳子检测化妆品的毒性时,**我们亲眼目睹团友阿姨抹了化妆品的脸上被银梳子划出了淡淡的黑痕以及纸巾上的口红与银梳子相摩擦所显露的黑斑**,对导游所说的话深信不疑。

上述方法检测出来的长而复杂的句子,一般都带有明显的欧化现象。比如例(7),主语过长,由多个并列成分构成,导致整个句子头重脚轻。例(8)和例(9)则分别是定语和宾语过于冗长复杂,读起来极不顺畅。这种欧化叙述方式,偏离汉语传统的流水式叙述传统,且已渗入小学生作文写作,应该引起重视。尤其语文教师在平时作文教学中,要有意识帮助小学生识别此类句子,并告知其更加符合汉语传统习惯的表达方式,从而避免欧化句子的过多出现。

六 问题与建议

通过大规模作文语料统计分析,一方面我们可以得出语言文字使用方面的诸多信息,比如汉字掌握情况、高频词语和成语等。这些信息有助于一线语文教师总体上把握学生的作文水平;另一方面,通过语料数据还可以窥见学生的生活和心理状况,比如他们的人群接触、自我意识、高频行为等。这些研究可以进一步挖掘作文教学在语言文学之外的价值,值得教育工作者关注。提出两点建议:

(一) 语文教师应善于利用数据库辅助作文教学

在平时作文教学中,语文教师应有意识收集学生的作文语料,逐渐汇总成一

个小型的班级作文语料库。同时学习一些简单的统计技术,利用统计得出的数据进行更有针对性的作文教学。这种方式可以将散篇作文凝聚起来再次发挥效力,使教师从宏观和整体上掌握学生的语言使用倾向。

(二)语文教师透过作文语料要关注小学生心理健康状况

日常生活是作文创作的最大源泉,尤其是小学生,其文学虚构能力尚未得到足够锻炼,因此生活中真情实感的表达便成为小学作文的一大特色。也正因于此,作文便成为窥见小学生心理状况的一个窗口,教师应该妥善利用。比如前文对高频成语"忐忑不安"的分析,揭示出小学生真实的心理状况,教师了解之后便可以进行有效的引导。

(郭　杰、陈小畅、陈嘉琪、吴星虹、聂嘉勤)

第四部分

资　料　篇

广州话历史文献语料概观

广州话有着悠久的历史,然而学术界对广州话的形成时间及演变情况还有不同的意见。一方面固然是因为广州话早期语料的相对短缺,另一方面也与至今还少有人对广州话历史文献语料进行介绍有关。余霭芹说:"粤方言的资料,虽然没有闽南话或者吴语那么丰富,但是,至少也有一百多年的历史。这些资料绝大部分涉及广州话……这些资料,对粤方言的历史研究,是有一定价值的。"[①]游汝杰亦集中介绍了大量的西洋传教士汉语粤方言材料[②],杨敬宇介绍了不少广州话历史文献语料[③]。

经过学界二十几年的收集和整理,广州话历史文献语料更加丰富。本文对广州话历史文献语料做简略分类介绍,以利于广州话及粤方言的历史研究。

一　学话课本

(一)《广东方言读本》

《广东方言读本》,英文名为 *A Chinese Chrestomathy in the Canton Dialect*。编者是 Elijah Coleman Bridgman,中文名裨治文。裨治文是美国派遣来华的第一位传教士,1830年初到达广州,居留中国长达30年。裨治文1837年动手编写《广东方言读本》,至1838年完成,于1841年在澳门地区出版。《广东方言读本》是美国最早的一部汉语教材。全书共分17篇,篇目设置与日常生活非常贴近。每篇分若干部分,包括若干条目,条目为词、短语或句子,每条用英文、中文及广东话拼音罗马字进行对照。例如:Please sit down;请坐;Tsing tso。(第一篇第二章《习言》)

[①] 余霭芹《粤语研究的当前课题》,*Journal of Chinese Linguistics*,1995年第2期。
[②] 游汝杰《西洋传教士汉语方言学著作书目考述》,黑龙江教育出版社2002年版。
[③] 杨敬宇《清末粤方言语法及其发展研究》,广东人民出版社2006年版。

（二）《广州方言习语》

《广州方言习语》，英文名 Phrases in the Canton Colloquial Dialect，该书1853年在广州出版。编者 Sammuel William Bonney 是一名美国传教士，数次前往广州传教，1864年在广州去世。《广州方言习语》根据习语中汉字数目排列，有英语译文，8开本，共98页。

（三）《华英通语》

《华英通语》，作者子卿，约成书于1855年。《华英通语》是中国人编写的最早的英语课本。书中主要用粤方言为英语注音，对于了解19世纪中期粤方言语音及词汇面貌有重要价值。《华英通语》有多种版本，如日本东北大学狩野文库本、福泽谕吉增订本、哈佛大学藏本、耶鲁大学本及广州文仕文化博物档案馆藏本。

（四）《广东话短语和阅读文章选编》

《广东话短语和阅读文章选编》，英文名 Select Phrases and Reading Lessons in the Canton Dialect，1864年由香港 Noronha's Office 印刷出版。作者威廉·洛布沙因德（Wilhelm Lobsheid），生卒年不详，中文名罗存德，英国人，德国礼贤会教士。1848年到达香港。1848—1859年，主要在新安县（今宝安县）、归善（今惠阳）一带行医传教，还著有《广州方言词典》（见下）。该书前有发音说明，如 f—as in fife。正文列词、短语或句子，先出注音，用粤方言词语和英文对照，如：tsò shan 早晨 Good morning。其后有课文21篇，都是成篇的粤方言材料，弥足珍贵。书中还附有粤地俗语、谜语等语言材料。

（五）《粤语方言手册》

《粤语方言手册》，英文名 A Handbook of the Canton Vernacular of the Chinese Language，1874年由香港 The China Mail Office 出版。编者 Nicholas Dennys Belfield，汉名德尼克，英国人，生年不详，1900年去世。德尼克还著有《中国的民间传说，及其与雅利安和闪米特种族民间传说的密切关系》《中日商埠志》等。

（六）《散语四十章》

《散语四十章》1877年由圣保罗书院印刷出版，编者是 John Shaw Burdon，汉名包尔腾。此书是包尔腾在用"羊城俗话"翻译威妥玛《语言自迩集》的正文部分的"散语章"。全书共 40 课，每课由单语、联语两部分组成。单语部分是字，用地道的广州方言翻译；"联语"部分前半是词，后半是句，颇能反映当时广州方言的用词及句型特点。与《自迩集》相比，该书只有课文，而缺少《语言自迩集》里颇具研究价值的注解及拼音。

（七）《粤语速成》

《粤语速成》，英文名 *Cantonese Made Easy*，编者是 J. Dyer Ball，生卒年为1847—1919年。此书编撰于 19 世纪末，是一部以外国人为教学对象的粤方言课本。据该书中前言所述，此书是以当时广州西关话为标准的。本书 1883 年在香港初版，1888 年印行第二版。1883 年的版本基本上奠定了本书的主体，后来版本只增加了词汇、变调和称谓等内容。

（八）《粤语指南》

《粤语指南》，英文名 *How to Speak Cantonese*，编者是 J. Dyer Ball，该书在香港出版，第四版为 1912 年 Kelly & Walsh Ltd.（Hongkong）编印。书中有课文和会话两个部分，课文分为 5 课，会话部分分为 50 课，内容都是日常生活的对话，是研究当时粤方言较好的材料。

（九）《粤音指南》

《粤音指南》，四卷，香港文裕堂 1895 年出版。它是《官话指南》的方言对译本。卷首无序，未知译者、改写时间、学习者的身份及学习目的。内容和《官话指南》出版一致，如实地记载了当时粤方言的语言面貌，包括俗字、词汇和语法的情况。这本书成为当时海外来华人员学习粤方言的教科书，在对外汉语教材编写史和汉语传播史具有较高的历史地位。

此外，还有《订正粤音指南》（*Guide to Cantonese*），三卷，1930 年英国威礼士（H. R. Wells）改订，由香港 Wing Fat & Company 出版。《订正粤音指南》是《官话指南》三卷本的粤方言翻译修订本。将《粤音指南》与《订正粤音指南》比较，可了解清末民初 20 年间粤方言的发展变化。

(十)《粤语全书》

作者李一民,号"江南悟民氏",从本书的相关内容看,李一民应该是广州市郊人。《粤语全书》编撰于 1905 年左右。初版时间不详,1916 年秋再版。比较常见的版本有 2013 年中国图书馆出版社《汉语方言文献研究辑刊》影印本,底本是 1933 年上海印务局石印本。《粤语全书》是一部粤方言教材,注重实用,按语言运用题材分课,比较全面地收录了常用的粤方言词语,并通过句子或短文描写粤方言词的用法。《粤语全书》所记清末粤方言词对于研究粤方言史、粤地文化等都具有较高的价值。

(十一)《教话指南》

英文名 Beginning Cantonese,1906 年在广州出版。编者 O. F. Winsner,曾任广东基督教大学校长。书前序言介绍说,这本书是提供给粤方言初学者使用的。书中收有课文 75 篇,全是粤方言材料,内容丰富,涉及日常生活的方方面面。书后还附有词语索引,使用方便。

比较重要的学话课本还有:The Beginner's First Book in the Chinese Language(Canton Vernacular)(1847)、The Beginner's First Book, or Vocabulary of the Canton Dialect(1858)、《发客英华常语合璧》(Easy Phrases in the Canton Dialect of the Chinese Language,1877)、Progressive and Idiomatic Sentences in Cantonese Colloquial(1888)等。

二 辞书

(一)《广东省土话字汇》

作者罗伯特·马礼逊(Robert Morrison),1807 年来华,是第一位来华的基督新教传教士,也是第一位用罗马字拼写粤方言的学者。其著有《汉语语法》(A Grammar of the Chinese Language,1815)、《华英字典》(A Dictionary of the Chinese Language,1815—1823)。

马礼逊 1828 年编写了《广东省土话字汇》(A Vocabulary of the Canton Dialect),

这是西方传教士编纂的第一部汉语方言词典,也是我国第一部粤方言词典。全书分三部分,装订成二册,收词 7363 条,其中方言词 4552 条,还收录了一定数量的广州方言俗语和句子。词目是汉字,罗马字母注音,用英文释义。虽然没有标调符号,但是就记录方言口语词汇来说,用汉字再用语音符号,反映了词汇的真实语音面貌,便于我们认识和了解两百年前广州方言的概况,是研究方言历史演变的宝贵材料。

(二)《广州方言口语词汇》

《广州方言口语词汇》,英文名 A Vocabulary with Colloquial Phrases of the Canton Dialect,1854 年由 Office of the Chinese Repository 出版,作者 Samuel W. Bonney。该书前有发音说明,如"ow as ow in now, how, cow, owl";以英文单词出条,再接汉语词、短语或句子,后出发音。如 Who believes it 乜谁信 mut shoo-e soon。书中也记载了较多的粤方言字,如佢、嘅、冇、乜野、细蚊仔。

(三)《广州方言词典》

《广州方言词典》,作者 Rev. W. Lobscheid。该词典序言写于 1869 年,据此推断至少在 1869 年已成书。字典原名《汉英字典》(A Chinese and English Dictionary),后改译《广州方言词典》。全书收录汉字 8267 个,每个字头都标注广州话的读音,字头之后附多音节词和成语等,事实上是一部词典。全书 594 页,所收词条 37 775 条。其中方言词语 10 199 条,非方言词语 27 068 条。

(四)《广东方言词典》

《广东方言词典》1877 年在香港地区出版。编者欧德理,德国人,以英国伦敦会传教士的身份来到香港地区,后担任过香港总督轩尼斯的中文秘书。欧德理编撰该词典是以西方读者为阅读对象,目的是提高在香港地区居住的西方人的粤方言水平。但辞书记载的语音要比当时实际口语读音保守,所以虽然该词典 1877 年出版,但它代表的可能只是 19 世纪中期的粤方言。

(五)《粤语速成词汇表》

《粤语速成词汇表》,英文名 Cantonese Made Easy Vocabulary,由《粤语速成》(Cantonese Made Easy)的作者 J. Dyer Ball 编,1883 年出版,大英博物馆藏有 1883 年版、1904 年版。该书有简单的粤方言例句、英语翻译即语法说明。一版无序及出版年月，二版序言撰于1892年，三版序言说韵尾-k有两类：只chek；落lok。

（六）《英语不求人》

《英语不求人》，英文名 Chinese-English Phrase Book in the Canton Dialect，编者是 Thomas Lathrop Stedman & Li kuei-p'an（李桂攀）。该书1888年由纽约的威廉姆斯·詹金斯（New York Williams R. Jenkins）出版，1920年再版。书前序言对罗马字拼音进行说明，共41课，课文是英文书写，用粤方言和罗马拼音对照；书后还附有月份、礼拜、号码、尺牍。

（七）《学生粤英词典》

《学生粤英词典》是1934年由广西梧州天主教会所编，1935年中国香港圣类斯工业学校印行，1947年美国玛丽诺出版社出版第三版。《学生粤英词典》正文843页，后附有汉字索引。收一万余字，其中列词条的字头3946个，只有音义而无词条的有6053个。词条共20 387条，其中方言词语6996条。

三 《圣经》粤方言译本

1807年，英国伦敦会到达广州，基督教开始传入广州。粤方言译本有拉丁字母拼音本和汉字本。全部《圣经》译本共有61种，其中49种是汉字本，其他为罗马字母本；汉字本含2种《圣经全书》汉字本，6种《新约全书》汉字本，1种《新约全书》汉英对照本。现存的19世纪译本绝大部分是汉字本。

最早的汉字译本是1862年美国圣经会在广州出版的《马太传福音书》，由美国长老会丕思业（Charles Finney Preston）翻译。其后数十年传教士陆续完成翻译和修订不同的篇卷和全译本，其中以1894年出版的全译本最为全面，字数80万字以上。当时的翻译都以广州城内土话为标准。这些《圣经》早期粤方言译本，为广州方言的历时比较提供了宝贵资料。通过《圣经》早期粤方言译本和当代粤方言译本的比较，可以了解一百多年广州方言语法、词汇、方言用字等的历史演变轨迹。

重要的粤方言译本，有《马可传福音书》（羊城土话版）（广州：英国圣经会，1882年出版）、《约翰传福音书》（羊城土话版）（广州：英国圣经会，1883年出版）、《路加传福音书》（羊城土话版）（广州：英国圣经会，1883年出版）等。

四　木鱼书

　　木鱼书是粤方言历史文献语料中数量最为丰富的一类。木鱼书本是木鱼歌的唱本。木鱼歌是用广州方言演唱的一种说唱形式，在明代已广泛流行于包括广州在内的珠江三角洲一带，清代至民国初年最为盛行。据记载，明万历年间出现木鱼书的刻本。据调查，自明代至民国初年，木鱼书的刊本、抄本可查的有500部左右。木鱼书带有韵文的特点，句式整齐，方便百姓吟唱。木鱼书虽然丰富，但作品创作的年代较难确定，在语料的使用上存在一定的问题。

五　粤讴

　　粤讴是广东民间的一种曲艺形式。一般认为，这种曲艺形式是广东南海人招子庸创造的。他融合了几种民间文学形式，运用粤方言，创造出句子长短自由、有韵而不限格律的方言民歌。第一本《粤讴》于1928年出版，共121首作品，里面不少篇目是描写男女爱情故事的。粤讴出现后，受到当时粤地人的追捧，很多人模仿创作，虽然形式上没有创新，内容上有所拓展。

六　俗话作品

（一）《俗话倾谈》

　　《俗话倾谈》的作者邵彬儒，广东四会县荔枝园人。邵彬儒是位说书人，其听众多是底层群众。因此他的小说《俗话倾谈》中运用了大量通俗浅近、生动风趣的粤方言词句，所以该小说是研究清末粤方言的宝贵材料。

（二）《晓初训道》

　　俾士译。1861年由羊城惠师礼堂出版，1868、1876年由小书会重版。该书为童蒙教科书，分53课，每课讲解一个故事。全书用粤方言写成，通俗易懂。

（三）《辜苏历程》

　　英国传教士英为霖译。1902年由羊城真宝堂出版。此书是《鲁滨孙漂流记》的第一个汉语全译本,序文用文言写成,内文全用粤方言。

七 直解作品

(一)《麦仕治广州俗话〈书经〉解义》

《麦仕治广州俗话〈书经〉解义》的编译者是麦仕治,南海师山人。编写年代尚有争议,大约成书于19世纪中后期。全书包括序文一页,正文五卷。这本书将《尚书》原文用大字标出,每句之下用小字两行列出译文和注释。注释用文言,译文用当时的广州话。书中的内容主要和行政、军事有关,但篇幅可观,因此反映了不少当时粤方言的词汇及语法结构面貌。

(二)《四书白话旁训新读本》

顺德张铁任注释,1919年由广州时雅书局出版,1933年再版。通篇用粤方言做注释,是考察当时粤方言语法词汇面貌的重要语料。

八 白话报刊

(一)《唯一趣报有所谓》

1905年6月4日创刊。创办者郑贯公,广东香山县人。《唯一趣报有所谓》设有庄、谐二部。谐部以文艺作品为主,设有"题词、落花影、前人史、滑稽魂"等栏目,其中以粤方言写就的粤讴、数白榄、木鱼等在粤地具有一定的影响。

(二)《广东白话报》

1907年5月31日在广州创刊。旬刊,从第七期改为周刊。黄世仲、欧博明等编撰。鼓吹反清民族意识和民主革命,设时评、杂文、戏曲、小说等栏目,主要用广州方言撰著。

(三)《岭南白话杂志》

1908年创刊,周刊。刊登用粤方言白话撰写的论文、杂文、译著。

(王毅力)

广州市语言类非物质文化遗产名录

非物质文化遗产是指各族人民世代相传并视为其文化遗产组成部分的各种传统文化表现形式,以及与传统文化表现形式相关的实物和场所。包括:(1)传统口头文学以及作为其载体的语言;(2)传统美术、书法、音乐、舞蹈、戏剧、曲艺和杂技;(3)传统技艺、医药和历法;(4)传统礼仪、节庆等民俗;(5)传统体育和游艺;(6)其他非物质文化遗产。[1] 建立四级非物质文化遗产代表性项目名录体系,是我国在建设有中国特色的非遗保护制度方面的主要举措,即在对非遗进行普查的基础上,根据相关标准,将我国非遗项目划分为国家、省、市、县四级名录,根据非遗项目的价值认定和保护情况,进行逐级申报。列入各级非遗代表性项目名录的非遗项目应该"体现中华民族优秀传统文化,具有历史、文学、艺术、科学价值"。[2] 目前我国确定并公布的非物质文化遗产名录中有民间文学、民间音乐、民间舞蹈、传统戏剧、曲艺、杂技与竞技、民间美术、传统手工技艺、传统医药、民俗等10个类别。

广州是一座拥有2200多年建城史的文化名城,在漫长的岁月里,广州人民创造了丰富的文化并传承至今,广州也是岭南文化的重要发祥地,是广府文化的核心区,有粤剧、岭南古琴艺术、五羊传说、波罗诞等一批具有鲜明岭南特色的非遗项目,形成了珍贵而独具地方特色的非物质文化遗产。2006年,广州启动了非遗保护工作,10年间在全市开展了两次大规模非遗普查工作,逐步建立起国家、省、市、区(县级市)四级非遗代表作名录体系及相应的保护制度。非遗名录的建设,包括非遗代表性项目名录建设和非遗代表性传承人名录建设。截至2017年,广州市共有国家级非遗名录17项,省级非遗名录68项(含扩展项目),市级非遗名录141项(含扩展项目),同时广州市各区(县级市)也积极完善区级名录。"非遗传承应以传承人为核心,以持续传承为重点"。[3] 截至2017年,广州

---

[1] 《中华人民共和国非物质文化遗产法》。
[2] 同上。
[3] 王福州《非遗传承保护的新思考》,《光明日报》2013年8月3日第12版。

市共有国家级非遗传承人11人,省级54人,市级61人。

非物质文化遗产项目中,有相当多的项目属于口传文化和文字、书法等语言类项目,语言类非物质文化遗产,是极具地方特色的语言文化资源。语言文化是地域文化的重要组成部门,整理、保护和利用语言文化资源是国家语言能力建设的重要内容。本文对广州非遗名录中的语言类非遗名录加以收集,以表格的形式整理如下①:

表1 广州市语言类非物质文化遗产名录

类别	级别	项目名称	代表性传承人			
			国家级	省级	市级	区级
民间文学	市级	五羊传说				
	省级					
	市级	何仙姑与挂绿的传说				
	省级					
	市级	萝岗香雪				
	省级					
	市级	金花娘娘的传说				
	市级	海幢寺传说				
	市级	从化温泉传说			李润权	
	市级	花县太平天国人物传说				
	市级	郑仙传说				
	区级	盘古王传说(花都区)				
	市级					
	区级	荔枝皇传说(从化区)				谢楷垣
	区级	王子山传说(花都区)				
	区级	梅郎与布娘的传说(南沙区)				
	区级	渔业、农业、气象谚语(南沙区)				
	区级	珠江的传说(越秀区)				

---

① 该表中的语言类非物质文化遗产项目,主要包括两部分:一是涵盖了广州市非物质文化遗产名录中,属于口传文化和文字、书法等的所有语言类项目,这部分占了绝大多数;二是包括了少部分具有语言特色的项目,比如民俗"波罗诞"中文人雅集、"玉岩诞"中的吟诗作对、"掷彩门"习俗中"彩门"的寓意、南沙水乡婚俗中唱歌的表演等。

(续表)

民间音乐	市级	广东音乐（沙湾何氏广东音乐）	汤凯旋	何克宁	潘千芊何滋浦陈芳毅何智强
	省级				
	国家级				
	市级	咸水歌（广州咸水歌）		谢棣英	彭艳好刘学东
	省级				
	市级	广州客家山歌			罗邦暖郭桂娇曾新芳刘土金郭雅桃
	市级	古琴艺术（岭南派）（岭南古琴艺术）	谢导秀	谢东笑区君虹	吕宏望
	省级				
	国家级				
	世界级				
	市级	广东汉乐			
传统戏剧	市级	粤剧	红线女	倪惠英欧小胡罗品超孙业鸿	黎向阳崔玉梅黄健张平罗巧华
	省级				
	国家级				
	世界级				
曲艺	市级	粤曲		黄少梅谭佩仪陈玲玉梁玉嵘何　萍	
	省级				
	国家级				
	市级	木鱼书说唱			
	市级	粤方言讲古		颜志图	彭嘉志
	省级				
	区级	地水南音（平腔南音）（番禺区）			

(续表)

民俗	市级	民间信俗(波罗诞)			
	省级				
	国家级				
	市级	玉岩诞			
	市级	黄大仙祠庙会 (黄大仙治病救人的传说)			
	市级	花都元宵灯会 (灯笼的名称、打油诗、寓意)			
	市级	春节习俗(掷彩门)			邝健洪 邝锦洪
	省级				
	市级	添丁上灯习俗 (灯的寓意,彩灯的诗词、书法)			
	市级	南沙水乡婚俗			
	区级	刘仙姑传说(从化区)			刘福林

在公布的非物质文化遗产名录之外,广州市语言类非物质文化遗产还应该包括广州市各区的民间故事、民间传说、民歌民谣、儿歌童谣、民间谚语、地名文化、楹联碑刻、方言土语、民间习俗等。广州市语言类非物质文化遗产,是广州的一张"文化名片",是广州人民智慧的宝贵财富,具有极高的研究价值和社会价值。

(徐曼曼)

广州市语言文字工作大事记
(2008—2017)

2008 年

1月7日,市语委办举办"广州市中、小学生普通话'小天使'大赛",并于1月17日—18日,召开"广州市中、小学生普通话'小天使'大赛"总结会。

3月13日,市语委召开了广州市语言文字工作会议,市教育局副局长陈茂林到会并讲话。

5月,市语委办组建广州市语言文字规范化示范校评估员队伍,并组织评估员到黄埔区观摩对荔园小学的评估。

5月4日,市语委办在广州市陈嘉庚纪念中学成立了广州市普通话水平培训测试基地。

6月—9月,市语委办发动各级各类学校对照《广东省语言文字规范化示范校创建标准及实施细则》,制订工作计划,积极开展语言文字规范化示范学校创建活动。

6月2日,华中师范大学语言与语言教育研究中心和广州大学共同举办了第二届汉语研究与汉语教学国际高级论坛会议。

7月,市语委办下发第十一届全国推广普通话宣传周活动方案,指导各区(县级市)、各单位学习贯彻《国家通用语言文字法》,以"构建和谐语言生活,营造共有精神家园"为主题,开展形式多样的宣传活动,扩大语言文字法律法规的社会知晓度。

7月—9月,市语委办对全市普通话水平测试员有关情况进行登记,加强普通话水平测试员队伍的管理,做好普通话水平智能测试的准备工作。

7月4日—7日,暨南大学汉语方言研究中心举办"首届海外汉语方言国际研讨会",张双庆、郭熙、林伦伦、李如龙、麦耘等教授出席会议。

8月18日，市语委办授予广州市人民政府办公厅等61个单位"广州市语言文字工作评估先进集体"和何洲平等112位同志"广州市语言文字工作评估先进个人"称号。

9月14日，市语委办在荔湾区陈家祠广场举行第11届全国推广普通话宣传周暨广州市语言文字工作评估先进单位、先进个人颁奖活动。

10月7日—8日，市语委办组织召开广州市语言文字规范化示范校评估员培训会，并对市旅游商贸职业学校进行了语言文字工作试评。

10月9日—10日，市语委办副主任李晓云参加对茂名市城市语言文字工作的评估。

11月3日—5日，教育部语用司调研组会同市语委办在广州市进行了"网络语言、外语词、字母词"使用情况的调研，对相关社会语言现象进行了监测、研究和引导。

11月10日—11日，市语委办在市旅游商贸职业学校举办"穗、深、珠、港普通话交流营"活动。

11月26日—27日，市语委办组织召开广州市普通话水平测试站站长工作扩大会议。

12月，市语委办组织专家评估组对美术中学、育才中学、86中、下沙小学和长洲岛小学进行了评估。并选派姚继业、周树和、黄婉媚和李晓云参加广东省对中山、梅州和茂名的二类城市语言文字工作评估。

12月1日，广州大学国际教育学院举办了"对外汉字教学国际研讨会"，来自法国、韩国、菲律宾等国的代表和我国高校的代表20余人参加了会议。

12月24日，中共广东省委宣传部和广东省社科联召开了"广东社科界学习胡锦涛同志在纪念党的十一届三中全会召开30周年大会上的重要讲话暨2008广东社会科学学术年会大会"，广东省中国语言学会荣获"改革开放30年广东社会科学理论创新奖"，学会副会长屈哨兵当选为广东省社科联副主任。

12月29日，市教育局和市推普协会在番禺职业技术学院组织了广州市大学生中华经典诗文诵读大赛。

本年度，市语委办开设了9期精读加强型和17期普及型测试培训班，为8973人次提供了普通话测试服务。

2009 年

3月25日—26日，法国教育部汉语总督学白乐桑教授到广州大学访问。白乐桑教授做了题为"法国华语教学浏览"的专题讲座，并针对外汉语教学和师资培训等提出了建设性的意见。

4月—6月，市语委办举办以"书写经典，传承文明"为主题的广州市中小学生规范汉字书写大赛。并选送作品参加广东省学生规范汉字书写大赛，大学组获得特等奖1个，一等奖1个，三等奖2个；中小学组获得二等奖3个，三等奖4个，市教育局、语委办获优秀组织单位。

4月3日，由广州大学和意大利帕多瓦大学合作建立的帕多瓦大学孔子学院在意大利帕多瓦大学正式挂牌成立。中国驻意大利大使馆教育参赞杨长春代表中国政府出席了挂牌仪式。校长庾建设和帕多瓦大学校长米拉内在揭牌仪式上代表双方签署了关于孔子学院建设的执行协议。

4月16日—17日，市语委办、市推广普通话协会联合召开市语言文字工作会议暨普通话水平测试站站长工作会。市教育局副局长陈茂林，市人民政府教育督导室主任徐建华出席会议并讲话。本次会议上建立了社会语言文字应用日常监督制度，成立了语委工作联络员队伍和语言文字社会监督员队伍，进一步完善了语言文字工作相关部门"各司其职、互相协作、齐抓共管"的工作机制。

5月，经国家汉办批准，中山大学成立国际汉语教材研发与培训基地。

6月10日，市语委办在天河区体育东路小学召开"广州市少儿语言艺术教育特色实验基地"现场交流会活动。

7月—12月，市语委办举办以"迎亚运"为主题的广州市语言文字规范化宣传口号创作大赛。

7月14日—15日，市语委办、市推广普通话协会和广州大学在南沙区召开广州市语言文字网站业务培训会。

8月，市语委办选派代表参加由国家语言文字工作委员会办公室、中央文明办调研组在江苏省泰州市举办的首届全国中小学生"中华诵"夏令营。

8月21日，广东省教育厅召开"通用规范汉字表"征求意见座谈会，听取各相关部门和专家学者对《通用规范汉字表》的意见。省教育厅副厅长李学明出席会议并且发表重要讲话，广州市多位语言学者参会并发言。

9月,市语委办迎接教育部、教育厅对广州市语言文字规范化示范校创建的检查工作。教育部语用司副司长张世平、语用司普通话推广处处长郝阿庆、广东省教育厅副厅长李学明、省语委办调研员张毅和副调研员李华东,到广东省语言文字规范化示范校番禺区市桥实验小学和国家级语言文字规范化示范校广州市旅游商贸职业学校进行了实地考察。

9月19日,市语委办在花都区举行"以热爱祖国语言文字,构建和谐语言生活"为主题的广州市第十二届全国推广普通话宣传周活动。

9月30日,市语委办在中小学开展以"雅言传承文明,经典浸润人生"为主题的教师中华经典诵读大赛。

10月25日,市语委办选派3名代表参加由广东省教育厅、广东省语言文字委员会在深圳主办的广东省中小学教师中华经典诵读大赛总决赛并取得佳绩。

11月19日—22日,华南师范大学岭南文化研究中心举办了岭南文献与岭南学国际学术研讨会。

12月14日—15日,市语委办副主任李晓云参加对河源市语言文字工作的评估。

12月23日—24日,市语委办召开市普通话水平测试工作总结表彰会,总结了广州市语言文字和普通话培训测试等方面的工作。

12月28日,市语委办召开广州市语言文字规范化宣传口号创作大赛颁奖大会。

本年度,广州市实现了国家、省级语言文字规范化示范校的零突破。2所学校被认定为国家级语言文字规范化示范校,6所学校被认定为省级语言文字规范化示范校,15所学校被认定为广州市语言文字规范化示范校。市语委办还进一步加强了对普通话水平测试工作的指导和管理,指导海珠区成立了普通话水平测试站,使广州市的普通话水平测试站覆盖到各区(县级市),共达15个。举办普通话水平测试培训班53期,共测试18 297人。

2010年

1月19日,市语委办召开语言文字社会监督员聘任会议。省语委调研员张毅、副调研员李华东和市教育局副局长陈茂林、市人民政府教育督导室主任徐建华等出席了会议,并为首届34名广州市语言文字社会监督员颁发了聘书。

1月29日,市语委办、市推广普通话协会在广州大厦召开市推广普通话协会会员大会。市教育局局长、市语委副主任华同旭出席会议并讲话。

3月28日,市语委办在广州市旅游商务职业学校举行了广州市普通话水平测试中心揭牌仪式。

3月29日,市语委办和市亚组委有关部门在亚体中心召开会议,研究与亚运会相关的语言文字工作。

3月30日—31日,市语委办召开2010年度语言文字工作会议。

4月,市语委办、市普通话水平测试中心开展首期普通话水平智能测试。

4月下旬,市语委办组织部分区(县级市)语委干部、市语言文字社会监督员和语言文字工作联络员赴北京学习交流。各单位语委干部结合本行业、本区域、本单位语言文字工作中出现的问题及困惑与北京市语委办进行了交流。

4月27日,市语委召开语言文字工作会议。会议强调以积极主动服务为中心工作,加大宣传和整治社会用字的力度,树立广州文明城市的形象,为第16届亚运会的召开营造良好的语言文字环境。

5月13日,市语委办接受了国家语委普通话培训测试中心副主任、全国普通话测试工作调研组执行组长韩其洲等对广州市普通话培训测试现状的调研。市教育局副局长孟源北做"扎实工作,科学发展,开创普通话水平培训测试工作新局面"的专题发言,普通话水平测试站市旅游商贸职业学校校长李灿佳做"提高认识,强化规范,普及测试"的工作汇报。

5月26日,市教育局党委委员、巡视员王小强在全省语言文字工作会议上做"完善机制、扎实工作,推动广州市语言文字工作再上新台阶"的主题讲话。

6月13日,市语委办配合教育部、省语委,协助广州大学组织了"中华诵·2010经典诵读晚会(端午篇)"。晚会结合端午节丰富的文化内涵以及广州大学建校以来取得的辉煌成就,以"风情·端午""风格·端午"和"风骨·端午"三部分展开,对经典诗文进行了倾情诵读和精彩演绎。教育部副部长、国家语委主任李卫红,国家语委副主任、教育部语用司司长王登峰,中央文明办调研组组长司长杨新贵,教育部高教司副司长杨志坚,教育部语用司副司长张世平,中国教育电视台台长康宁,广东省教育厅副厅长李学明等莅临晚会现场,并对演出给予了高度评价。当天,广州大学还举行了关于《国家中长期语言文字事业改革和发展规划纲要》的座谈会。教育部副部长、国家语委主任李卫红出席座谈会并听取了与会专家的意见和建议。

6月18日—20日,中国跨文化交际学会、外国留学生教育管理学会、华南理工大学跨文化传播研究中心共同举办了第16届国际跨文化交际学会年会。

7月15日,市语委办举办以"书写经典,传承文明"为主题的第二届广州市中小学生规范汉字书写大赛。

7月20日,市委副书记苏志佳在媒体上回应"粤普之争",强调"推广普通话不是消灭方言""在建设国家中心城市以及弘扬岭南文化的过程中,推广普通话与保护方言不但没有矛盾,而且可以相得益彰",妥善处理了"普粤之争"事件。

8月,市语委办、市普通话水平测试中心组织各区、县级市(校)测试站赴天津考察学习。

9月12日,市语委办在萝岗区举办以"规范使用国家通用语言文字,弘扬中华优秀文化传统"为主题的第13届全国推广普通话宣传周活动。

9月20日—21日,市语委办联合市公安局、市民政局、市工商局、市质监局、市外事办、市推普协会等单位以及各区(县级市)语委办,组织语言文字社会监督员大力开展亚运场馆及周边路段用字整治行动,对广东奥林匹克体育中心、广州体育馆、天河体育中心、广州亚运城、广州大学城中心体育场等亚运场馆的用语用字进行检查。

11月28日,市教育局、市文明办在市土地房产管理职业学校联合主办了广州市第二届中小学生诵读中华经典美文表演大赛活动(中学组)决赛。

12月7日,广州大学召开了第五届海峡两岸现代汉语问题学术研讨会,教育部语信司长李宇明、北京语言大学校长崔希亮、澳门语言学会会长程祥徽等40多位海峡两岸暨香港、澳门语言学界专家学者共聚一堂,共同探讨海峡中华文化与海峡两岸的语言生活。

12月22日,广州大学举行了对外汉语教学与语言服务国际研讨会,来自9个国家和地区的41位专家参加了研讨,有力促进了汉语教学发展与汉语的国际传播。

本年度,市语委办继续开展语言文字规范化示范校创建活动,共有13所学校(幼儿园)获评广州市语言文字规范化示范校(园)。

2011年

1月8日,由教育部语用司主办、广州大学承办的"中华诵·经典诵写讲"工作研讨会在广州大学举行,来自全国各地的高校领导代表一行30余人参加会议。

1月10日—11日,市语委办、市普通话水平测试中心召开广州市普通话水平测试工作总结表彰会。

2月,市语委办开展普通话培训测试及语言文字应用论文征集评奖活动。评选出《广州高校学生普通话语言态度与广州大学应用状况调查——语言社群焦虑与语言生活和谐关系透视》(源国伟、陈樟楠、王卉)等优秀论文。

3月28日,市语委办在广州市旅游商务职业学校举行广州市语言文字测试中心揭牌仪式。

3月28日,市语委办指导市幼儿师范学校举办了广州市首期汉语口语测试师资培训班,国家汉语口语水平测试考试委员会办公室主任赵红弢等出席了开班典礼。

3月31日,市语委办在广州市番禺区市桥实验小学举行了广东省创建语言文字规范化示范校、特色校工作现场会。

4月27日,市语委办组织学习并贯彻落实中共中央政治局委员、国务委员刘延东在纪念《国家通用语言文字法》颁布10周年座谈会上的讲话精神,加快推广普通话、推行规范汉字,着力提高国民的国家通用语言文字应用能力,传承和弘扬中华民族优秀文化传统和革命传统。

4月28日,广州大学与教育部语言文字应用研究所举行合作协议签约仪式。双方就共同进行学科建设、共同承担高层次科研项目、合作开展人才培养和社会服务等方面达成协议。教育部语用所所长姚喜双和广州大学党委书记易佐永、副校长屈哨兵等出席签约仪式。

4月29日,市语委办、市语言文字测试中心接受了国家语委普通话水平测试中心主任姚喜双、副主任韩其洲的考察,并得到高度评价。

5月16日,为配合广州市创建全国文明城市的工作,市语委办制定了《广州市语委办创建全国文明城市"主干道路名称、公共图形标志"项目工作方案》,要求各区、县级市语委办要密切加强与有关部门的联系,充分发挥语言文字工作联络员、语言文字社会监督员的作用,开展规范社会用语用字的自查、整改工作,形成宣传和整治的合力。

6月,广州市首期汉语口语测试在广州市幼儿师范学校顺利完成。这项测试,填补了母语非汉语人士和华人华裔在广东省汉语口语专项测试的空白,推动了广州市汉语口语水平培训测试的国际传播和影响。

7月18日—20日,中山大学中文系举办了"高等院校现代汉语、语言学概论教材教法研讨会暨黄伯荣先生九十华诞庆典"。

8月8日—13日，市语委办选派天河区天荣中学李欣、天河中学龚子怡、体育东路小学的毛瑞聪作为广东省的代表参加了在江苏省张家港市开展的"中华诵·2011中小学生夏令营"活动。

8月29日，市语委办组织评委对第三届广州市学生规范汉字书写大赛作品进行初评。选送优秀学生参加省比赛，赛前组织培训，获得特等奖4名，一等奖5名，二等奖12名，三等奖33名。其中，市语委办获得优秀指导奖。

9月，市语委办联合市地名办、质监局、建委和交委等单位，对主干道路名称、公共图形标识进行了检查。

9月17日，市语委办结合庆祝建党九十周年和广州市创建文明城市，在黄浦区举办了以"提升国家通用语言文字应用能力，弘扬中华优秀文化传统"为主题的第十四届全国推广普通话宣传周活动。

11月25日，教育部语信司在广州大学召开了"十二五"科研规划2011年度重大项目"中华经典诵读教育与语文素质、语文教育、弘扬中华优秀传统文化相关研究"开题报告会。该项目由市教育局局长屈哨兵、西南大学文学院院长刘明华共同负责。教育部语用司司长王登峰、语信司副司长田立新、市语委办主任陈聪等出席了开题报告会。

11月26日—29日，由教育部语用司指导、中华书局和广州大学主办的"第五届中华诵·经典教育论坛"在广州大学召开。来自全国18个省区市的教育行政部门相关负责人、大中小学校长代表和广州市语言文字工作者代表参加论坛。

12月14日，市语委办组织各区县语委办和示范校负责人到深圳花城小学和福安学校学习交流语言文字规范化示范校工作。

12月16日，市语委办在培正中学召开了越秀区语言文字规范化示范校和规范汉字书写教育特色学校创建工作培训会议。

本年度，市语委办积极创建国家级示范校和第二批省级示范校。共3所学校被认定为国家级语言文字规范化示范校，7所学校被认定为广东省语言文字规范化示范校。市语委办还修订了普通话水平测试信息化管理规定和操作规程，全面实行普通话水平测试信息化管理及计算机辅助普通话水平测试。全市的机辅测试按照全市统筹、分步推进，市测试中心为主、各测试站点为辅的原则开展，广州大学、市幼儿师范学校、市旅游商务职业学校设机辅测试站点。

2012 年

1月,市语委办开展2011年度市语言文字工作先进单位和先进个人的评选工作,评选出广州市精神文明建设委员会办公室等66个单位为"广州市语言文字工作先进单位",高志斌等118位同志为"广州市语言文字工作先进个人"。

1月7日—8日,教育部语用所、南京大学中国语言战略研究中心和广州大学联合主办的"语言服务高级论坛"在广州大学召开,市语委办主任陈聪出席会议。

4月1日,市语委办、市语言文字测试中心召开广州市普通话水平测试员工作总结暨业务学习会。

4月20日,市语委召开全市语言文字工作会议,组织全市语言文字工作者学习《广东省国家通用语言文字规定》,并邀请省语委办主任张毅做专题辅导讲座。

5月18日,国家汉语口语水平测试办公室在市幼儿师范学校举行国家汉语口语水平测试站授牌仪式。国家汉语口语水平测试办公室主任赵红弢、广东省语委办主任张毅、广东省侨务办公室文教处副处长黄林炎、市语委办主任陈聪等出席仪式并讲话。

5月19日,市幼儿师范学校在国家汉语口语水平测试办公室,省、市语委办的直接指导下,顺利完成了第二次国家汉语口语水平测试。

5月22日,市语委办在荔湾区国家级语言文字规范化示范校沙面小学柏悦湾校区举行广州市语言文字规范化示范校现场会。

7月10日—19日,市语委办、市语言文字测试中心举办了第四届广州市中小学生规范汉字书写大赛(硬笔)赛前培训班。

7月27日,鉴于部分领导同志工作变动,市语委办对广州市语言文字工作委员会成员进行了调整。

8月—11月,市语委办、市语言文字测试中心举办广州市规范汉字书写大赛。选派选手参加广东省比赛,获得特等奖17个,一等奖9个,二等奖70个,三等奖101个。

9月15日,市语委办在南沙区滨海公园广场举办了以"大力推广和规范使用国家通用语言文字"为主题的第十五届全国推广普通话宣传周活动。

10月16日,市语委办为花都区普通话水平测试站举行挂牌仪式。

11月10日,市教育局、市文明办在萝岗区少年宫联合主办了广州市第四届中小学生诵读中华经典美文表演活动总决赛。

12月22日—24日,韩国中国语教育学会、北京语言大学、中山大学国际汉语学院、国际汉语教材研发与培训基地联合举办了"2012国际汉语教学资源暨汉韩语言对比研讨会"。

本年度,市语委办对广州语言文字网页进行改版,新建广州市普通话水平机辅测试报名系统、规范汉字书写培训报名系统和汉语口语水平测试报名系统,并将栏目调整为"法规与标准""机构与队伍""信息动态""测试与评估""语言研究与应用""港澳广角及汉语传播"。完善了网络建设与管理机制,进一步改进了信息的更新与发布工作,扩大了网站的社会影响,发挥了网站的宣传、服务作用。

2013 年

1月9日,市语委办主任陈聪、副主任李晓云陪同省语委办主任张毅一行到龙岗路小学进行广东省规范汉字书写教育特色学校认定工作,这是广东省规范汉字书写教育特色学校的首次认定工作。

1月19日上午,由暨南大学汉语方言研究中心和中国民族语言学会共同主办的"中国濒危语言有声资源建设研讨会暨高级讲习班"在广东省财政职业技术学校举行开幕式。

4月8日,市语委办召开首批规范汉字书写教育特色校评审会,并组织专家对申报规范汉字书写教育特色校的中小学校进行了评审。最终认定广州市第二中学等30所学校为广州市规范汉字书写教育特色学校,推荐花都五小等10所学校申报省规范汉字书写教育特色校。

4月10日,广州大学-卫斯理安学院孔子学院在美国南部佐治亚州梅肯市举行了揭牌仪式。国家汉办主任许琳、广州市教育局局长屈哨兵、广州大学校长庾建设等出席仪式。

4月18日,市语委办召开全市语言文字工作会议。

4月24日,市语委办邀请国家语委文字处处长孟庆瑜参加广州开发区第一小学写字教育成果展示现场活动。

5月20日,暨南大学汉语方言研究中心举办了"语言学科创新与发展名家论

坛"。詹伯慧、唐作藩、欧阳觉亚等出席论坛,共同探讨了语言学的创新与发展等问题。

6月8日,市语委办、市语言文字工作协会召开2013年度广州市语言文字网站工作会。

7月4日,市语委办为广州大学语言文字水平测试站举行挂牌仪式。

8月7日—11月12日,市语委办遵循"尊重新闻媒体对语言文字工作的关注,正视新闻媒体的监督;尊重宗教事务管理的原则,充分听取意见和加强沟通;尊重学术精神和整改意见;尊重书法家的社会角色"的四项原则,较好地解决了城隍庙对联存在错别字一事,推进了广州市语言文字规范化的工作。

9月7日—15日,市语委办、市语言文字工作协会举办了第五届广州市中小学生规范汉字书写大赛赛前培训班,并于9月15日举办第五届广州市中小学生规范汉字书写大赛。

9月14日,市语委办在白云区组织开展以"推广普通话,共筑中国梦"为主题的第16届全国推广普通话宣传周活动。

11月25日—29日,市语委办承办了教育部2013年语言文字工作中小学骨干校长培训班。进一步贯彻落实了《国家通用语言文字法》,提升了中小学校长语言文字规范意识和工作能力,夯实了中小学校的语言文字工作基础。教育部语用司司长姚喜双、语用所所长张世平、国家语委咨询委员傅永和、语文出版社社长王旭明、北京语言大学教授陈双新、华东师范大学教授巢宗祺、广州市教育局局长屈哨兵等专家在培训班上做了专题讲座。

12月,市教育局局长屈哨兵、语委办副主任李晓云参加对东莞市语言文字工作的评估。

本年度,经市语委办推荐、省语委办抽查,有5所学校被认定为广东省语言文字规范化学校,有7所学校被认定为广州市语言文字规范化学校。

2014 年

1月18日,市语委办、市语言文字工作协会在广州市旅游商务职业学校举办了第二届广州市中小学生规范汉字书写大赛获奖选手联谊活动。

2月18日,市语言文字工作协会通过了广州市专业类社会团体的评估。市民政局发文,授予市语言文字工作协会3A级社会组织评估等级。

3月9日，市语委办、市语言文字工作协会在天河中学举办2014年"中国汉字听写大赛"广州选拔赛。市教育局党委书记、局长、市语委副主任屈哨兵做题为"学习汉字，认识我们的过去，认识我们的现在，认识我们的未来"的主题讲话。

3月21日，市语委办召开全市语言文字工作会议。

3月30日，市语委办、市语言文字测试中心举办广州市普通话测试员培训班。市教育局党委书记、局长、市语委副主任屈哨兵做"国家多元文化背景下语言服务的三点思考"的专题讲座。

6月27日，市语委办组织召开市语委会成员大会。市政府相关领导及市教育局党委书记、局长、市语委副主任屈哨兵等出席会议并做大会讲话。

9月20日，市语委办在增城区开展以"说好普通话，梦圆你我他"为主题的第17届全国推广普通话宣传周活动。

10月11日，市语委办举办第六届广州市中小学生规范汉字书写大赛。

11月14日，市语委办召开市语言文字社会监督员培训工作会暨广州市第17届全国推广普通话宣传周活动总结会。

11月14日—16日，暨南大学文学院举办了"第七届现代汉语教学研讨会——暨邵敬敏教授七十华诞庆典"。

12月16日，市语委办、市语言文字工作协会召开第四届广州市语言文字工作协会会员大会，市教育局党委书记、局长、市语委副主任屈哨兵出席会议并做大会讲话。

本年度，市语委办继续做好规范汉字书写教育特色校和语言文字规范化示范校创建工作。共有4所学校获评广州市规范汉字书写教育特色学校，2所学校获评广州市语言文字规范化学校。市语委办还指导广州市语言文字网页增设了"岭南文化"和"汉字大通关"两个新栏目，进一步加大了语言文字工作的宣传力度。

2015年

4月15日，市语委办召开语言文字工作会议暨社会监督员培训会，市语委办主任陈聪做"改革创新，携手并进，开创广州市语言文字工作新格局"的讲话。

5月18日，市语委办、市语言文字工作协会召开2015年语言文字网页培训学习会。

5月20日—21日，市语委办副主任李晓云参加对珠海市二类城市语言文字工作的评估。

6月20日,首届亚太语言文化生态国际会议在暨南大学隆重举行,来自海内外40多所高校近80位专家学者出席了此次会议。

6月23日,市语委办协同上海市语委、市教委副主任袁雯,上海市人大教科文卫委员会副主任委员张辰一行到广州大学,针对语言文字法律法规贯彻实施等工作进行专题调研。

6月24日,市语委办、市语言文字工作协会组织专家评委对参加第七届广州市中小学规范汉字书写大赛的作品进行评选,并挑选出优秀作品代表广州市参加广东省学生规范汉字书写大赛。

7月1日—3日,市语委办副主任李晓云参加对肇庆和云浮市城市语言文字工作的评估。

7月15日—24日,广东技术师范学院民族学院举办了2015年"岭南民族语言与民族文化"研究生暑期学校。

9月19日,市语委办在从化区文化公园开展以"依法推广普通话,提升国家软实力"为主题的第18届全国推广普通话宣传周活动。

11月16日—20日,市语委办组织各区语委办干部到河南省进行调研学习,学习当地在经典诵读、语言文字规范化建设、传承优秀文化传统等方面的做法和经验。

12月4日,市语委办、市语言文字工作协会在广州大学召开2015年语言文字网页总结会。

12月23日—25日,市语委办主任陈聪和副主任李晓云参加对清远市二类城市语言文字工作的评估。

本年度,市语委办认定15所学校为广州市规范汉字书写教育特色学校,1所幼儿园为广州市语言文字规范化幼儿园。推荐7所学校为广东省规范汉字书写教育特色学校,3所学校为广东省语言文字规范化示范校。此外,在做好机辅测试的各项工作、国家汉语口语测试试点工作的基础上,市语委办还以广州市盲人学校为基地,积极探索视障人员的普通话测试。

2016年

1月20日,教育部国家语言文字政策研究中心副主任张日培一行来南沙区调研自贸区的语言文字工作,省教育厅办公室调研员、省语委办主任张毅,广州市语委办副主任李晓云等陪同调研。

3月21日—25日,市语委办副主任李晓云参加对佛山、顺德、中山、江门、珠海开展第四批省级语言文字规范化示范校和第二批省级规范汉字书写教育特色校评审的工作。

4月13日,市语委办召开全市语言文字工作会议。

5月10日,"中国语言资源保护工程广东项目启动仪式"在中山大学中文堂举行。教育部语信司田立新司长出席仪式,并为暨南大学甘于恩教授、韩山师范学院林伦伦教授、中山大学庄初升教授颁发了广东省语保项目首席专家的证书。田立新司长表示,广东省的语言资源保护工程在三位首席专家的带领下一定能高质量地完成任务,为语言资源的保护和地方文化的建设做出贡献。

5月19日,广州市幼儿师范学校语言文字测试站在广州市语委、广州市语言文字测试中心指导下,顺利组织了第六期汉语口语水平测试(HKC)。

6月—11月,市语委办举办第八届广州市中小学生规范汉字书写大赛。

6月11日—12日,中山大学中文系、中山大学中国非物质文化遗产研究中心在广州联合举办了田野调查与记音规范学术研讨会。来自北京、上海、香港及本市近20所著名高校及研究机构的三十几名语言学者聚集中山大学中文堂,针对田野调查及记音规范的现实问题展开了热烈的讨论。

6月21日,市语委办在天河外国语学校举行2016年广州市"中国汉字听写大会"总决赛,市教育局副巡视员沈琦和省语委办主任张毅等出席大会。

9月,市语委办在越秀区小云雀剧院(主会场)和广州大学(分会场)分别举行以"大力推行和规范使用国家通用语言文字,助力全面建成小康社会"的广州市第19届全国推广普通话宣传周活动。

11月28日—30日,暨南大学文学院在广州和肇庆两地举办了"第三届语言学科建设高峰论坛"。来自国内外专家学者围绕"汉语研究的国际化战略"的论坛主题展开了富有建设性的开放性的讨论。

11月29日,市语委办、市语言文字工作协会召开2016年语言文字网页工作(扩大)会议。

12月3日,暨南大学汉语方言研究中心和广东人民出版社联合举办了首届地理语言学战略合作高端论坛。

12月3日—4日,中山大学中文系、中山大学中国非物质文化遗产研究中心等单位联合举办了第十二届客家方言学术研讨会,来自海峡两岸暨香港、澳门以

及日本的90余位专家学者出席了此次会议。

12月16日—19日,华南师范大学文学院、中国社会科学院语言研究所联合举办了首届古文字与出土文献语言研究国际学术研讨会。

本年度,市语委办继续鼓励中小学积极创建特色校和示范校。共有3所学校被认定为广东省语言文字规范化示范校,7所学校被认定为广东省规范汉字书写教育特色学校;13所学校被认定为广州市规范汉字书写教育特色学校,1所学校被认定广州市语言文字规范化示范校。

2017年

4月,中国国际贸易促进会广州市委员会在广州市举办了"一带一路"沿线国家国际职业汉语培训计划推介会,推介会吸引了20多个国家的领事及商务机构代表参与。

4月28日,市语委办在第113中学举行2017年广州市中国汉字听写大赛。

5月27日,市语委办在天河区长湴小学举行示范校和特色校经验交流活动。

6月—11月,市教育局、市语委办举办第九届广州市中小学规范汉字书写大赛。

7月,番禺区作为中国语言资源保护工程广东项目的调查点,配合省语委的专家组做好支持和保障工作,确保调查工作的顺利实施。

7月21日,广州大学屈哨兵教授主持的"中华优秀传统文化的教材建设与传承实践验证研究"获得国家语委"十三五"科研规划2017年度重大项目立项。

8月,"一带一路"参与国家职业汉语培训首期示范班开班仪式在暨南大学华文学院举行,首期示范班开班仪式吸引了各大媒体及网络新媒体争相报道,国务院新闻办公室给予了高度重视。

9月,广东省县域居民普通话普及情况调查在越秀区进行。市语委办指导越秀区成立调查员队伍,对4个街道的600名调查对象进行了录音调查和问卷调查,圆满地完成了任务。

9月16日—11月15日,市教育局、市关心下一代工作委员会、市语委办举办以"喜迎十九大,书写爱国章"为主题的广州市中小学规范汉字书写优秀作品展。

9月17日、25日,市教育局、市语委办在海珠区少年宫(主会场)和广州医科大学(分会场)举行以"大力推广和规范使用国家通用语言文字,自觉传承弘扬中华优秀文化"为主题的第20届全国推广普通话宣传周活动。

9月26日,《汉语方言学大词典》首发座谈会在广州举行,这是中国首部全面反映汉语方言和方言学面貌的大型百科性辞书。由暨南大学中文系教授詹伯慧和中国社会科学院语言研究所研究员张振兴担任主编,集合中国老中青三代方言学者编纂而成。

9月26日—28日,广州市幼儿师范学校承办了"聆听花开 花城故事"为主题的广州市中小学生语言艺术比赛。活动通过朗诵、讲故事、演讲等形式,展现美丽花城的风土人情和人文精神。

10月29日,"中国诗词大会"(第三季)广州赛区面试选拔活动在广州市协和小学进行。活动共选出5名优胜者进入中央电视台"中国诗词大会"百人团,其中,选手雷海为获得"中国诗词大会"第三季冠军。

11月,广东省语言文字使用调查在越秀区、天河区、白云区、番禺区和增城区进行,市语委办和各区语委办协助调查组在中小学校、党政机关、企业、媒体和社区等单位发放调查问卷,开展调查工作。

11月24日—25日,广州大学举办了"第二届语言服务高级论坛",教育部语言文字应用管理司、语言文字信息管理司司长田立新,中国社会科学院研究生院姚喜双教授,以及来自内地及香港、澳门地区10多所高校的学者近50人参加了论坛。

12月14日,市语委办、市语协召开广州市语言文字网总结大会。健全信息报送的工作制度,继续完善信息报送和交流的渠道,吸纳一批语言文字工作者参与网页信息的报送;同时,继续发挥网站的宣传、服务作用,扩大网站的社会影响。

12月20日,广州大学屈哨兵教授主持的"创新高校中华经典教育体系 传承发展中华优秀传统文化"荣获2017年广东省高等教育教学成果奖一等奖。

本年度,市语委办继续鼓励中小学积极创建特色校和示范校,共有7所学校被认定为广州市规范汉字书写教育特色学校。另外,全市共开展21期普通话水平测试,为6573人次提供了测试服务。

(和丹丹、李晓云)

后　　记

2011年，广州大学和教育部语言文字应用研究所签署协议，决定由两家单位合作共建一个语言服务研究中心，当时代表语用所签约的是姚喜双所长，代表广州大学签约的是分管学校学科建设和文科工作的徐俊忠副校长，我和当时学校语言片的老师们为语言服务研究中心的成立做了一些论证铺垫工作。语言服务研究中心成立前后还多次得到时任语言文字信息管理司司长的李宇明教授的设计指导。后来，因为工作需要，姚喜双调任教育部出任语言文字应用管理司司长，我也到广州市政府教育局工作了几年。在这期间，广州大学与语用所合作共建的语言服务研究中心根据当初的工作设计坚持开展工作，并且也取得了一系列的成绩，这其中包括团队成员牵头主持承担了国家语委"十二五"和"十三五"期间的两个重大科研课题（2011，2017），主持承担了一项国家社科基金重大项目（2014）和若干项国家社科及省部市级科研项目，语言服务研究团队先后召开了五次语言服务圆桌会议和语言服务高级论坛，成员个人也依托各自的研究领域发表了一系列研究成果，2016年由商务印书馆出版的《语言服务引论》可以算得上是语言服务研究中心研究成果的一个比较集中的体现，这其中也包含语用所相关专家及国内其他几所高校专家老师共同参与的成果。

当然，从发展的眼光来看，作为一个地方大学与教育部直属学术机构合作共建的研究单位，语言服务研究中心要做的工作还有很多，语言服务研究中心应该在国家及省市各级语言文字工作领导管理部门的指导下自觉地做更多的工作，以期能够更好地为国家社会的文明进步贡献语言文字方面不可或缺的智慧，这就是我们推出《广州语言生活状况报告》的一个背景。

要做好《广州语言生活状况报告》，最重要的学术基础是国家语委近十年来连续推出的《中国语言生活状况报告》，我们要衷心感谢李宇明、周庆生等一批老师对我们多年的关心垂爱，语言服务研究中心的好几位成员多次参加《中国语言生活状况报告》相关专题的调研撰写工作，郭熙老师作为《广州语言生活状况报告》的顾问，更是国家语委报告的重要组织者和推动者，从这个意义上说，我们的

后　记

　　这本报告是国家语委推动的语言生活状况报告工作的一种地方响应。在近年来国家语言文字工作推动进程中,"中国语言生活派"作为一个学术研究风格和学术研究流派的称谓已经逐渐为大家所熟悉,语言生活派的一个重要特点就是具有家国情怀,用一种扎根中国大地的学术姿态梳理语言资源,观察语言实践,引导语言生活,将语言作为国家文化软实力乃至硬实力的重要基础加以呵护、加以呼吁、加以建设,这种情怀我们从每年的《中国语言生活状况报告》的选题中可以看得十分清楚,从国家语委近年来推动的一些重大项目实践活动中也看得十分清楚,也从国家语委下一步的语言文字规划及科研项目的引导中看得十分清楚。广州大学语言服务研究中心也应该有这样一种学术自觉,自觉地将我们的学术建设与国家的语言文字工作结合起来,与"中国语言生活派"的学术旨趣结合起来,与《中国语言生活状况报告》的区域落实结合起来。

　　要做好广州这个城市的语言生活状况报告,也和这个城市的地位发展要求分不开。在2016年国务院批复的《广州市城市总体规划(2011—2020年)》中,对广州市的规划定位包含五个方面:广东省省会、国家历史文化名城、我国重要的中心城市、国际商贸中心和综合交通枢纽。表明广州在国家现代化城市化进程中负有特别重要的使命,占有特别重要的地位。比如说广州是"我国重要的中心城市",国家中心城市是一个国家综合实力最强、集聚辐射和带动能力最大的城市代表,而国家重要中心城市,无疑更是要代表国家参与国际竞争,推动国际政治、经济、文化和社会等方面的交流与合作,人们通常说的"北上广"在某种意义上就是对这种国家重要中心城市的一种体认;作为国际商贸中心和综合交通枢纽及历史文化名城,广州在国家发展版图上"身份显赫",可以这样讲,这里面的任何一方面事业的推进和表现,都肯定离不开语言文字的"身影",因为语言是我们生活中须臾不可或缺的交际工具,我们要做的工作就是如何利用语言文字这个最经济最不能离开的资源为城市的建设发展提供更好的服务。比如说作为一个国际商贸中心,广州市提出要建设更好的国际化、市场化、法制化的营商环境,这里面语言文字就有很多现象值得关注,很多工作值得跟进;比如说作为历史文化名城,如何才能有效地重视历史文化和风貌特色保护,如何统筹协调发展与保护的关系,哪些元素是直接通过语言文字这个载体直接或者间接得到体现,其中有的如何能够在一个城市的现代化进程中得以承续发扬,这些都需要我们做出更加积极的工作;再比如说作为综合交通枢纽,一个城市的语言服务工作如何才能做得更加尽善尽美一点。我们希望《广州语言生活状况报告》能够为这个城市的发展从自己特有的角度做出一个学术机构的贡献,并且能够坚持下去。2017年的这一本语言生活状况报告基本上也从工作、区域、社群、资料等几个不同的角度做出初步的尝试。这方面,北京的《语言生活状况报告》已有了一个好的开头,我们可以向北京学习。

  要做好《广州语言生活状况报告》,从具体的实践路径来说,大体要处理好"点——线——面"一组关系。具体而言要做到三个结合上的追求:追求本土视点和国家视点相结合,追求短线建设与长线布局相结合,追求校内团队小面与语用所及其他兄弟院校、科研机构的大面相结合。本土视点的意思是《广州语言生活状况报告》报告的是广州这个城市语言生活的方方面面,但是报告的价值取向要与国家语言生活状况报告的价值取向一致,虽然在具体的选题取舍上因为城市发展的节奏与区域使命的不同而有所不同,但是应该成为中国语言生活派的一个重要区域分支,与国家视点在这些方面形成交叉与支撑。短线建设意思是我们要随着城市区域的发展节奏做好每一时间区间的语言生活状况报告,根据这座城市建设的重大谋划和重大变化及时做出语言文字生活方面的准确观察并提出科学有效的策略建议,同时又能依托这座城市的发展对一些语文生活做出持续的跟进,推动持续的建设,这里面既包括同类语言文字现象的持续跟进,也包括不同主题的语言文字现象生活的交叉跟进,我们希望这本《广州语言生活状况报告》能够全面饱满地展现这个城市的语言生活,更加有效地推动这个城市构建和谐的语言生活,展示这个城市的开放包容与创新发展。校内团队小面的意思是要充分发挥好校内语言服务研究中心团队成员投身国家语言文字服务应用的积极性和创造性。语言服务研究中心是一个校院共管以院为主的学术机构,学院语言片的老师都是这个学术机构的成员,同时还有好几位是来自学校其他学院及机构的专业相近相同的老师,这个团队的成员平均年龄只有四十岁左右,大多毕业于国内各个名校,并于2016年荣获广州市教育系统创新学术团队"语言生态与服务研究"(1201620012),学术生命力正处旺盛之时,只要我们形成好的机制,这个小面上的人一定能够做出有较大影响的成绩,将语言服务研究中心建设成为国内同类学术研究的一个制高点;同时,语言服务研究作为近年来学界逐渐认可的一个新的研究领域,我们当然谋求与更多志同道合者一同前行,这里面首先是与广州大学合作共建的单位教育部语言文字应用研究所,我们希望今后能够以共同开辟更多的合作平台来开展工作,语言状况报告势必也会得到语用所同人的关心与支持,至于其他兄弟院校与学术机构的大面交互,则更是我们

后 记

十分期盼和热烈欢迎的,我们也愿意为此做出更多努力。

作为地方院校,我们非常感谢国家语委对广州编写城市语言生活状况报告的重视与支持,2017年岁末,田立新司长亲临广州大学参加第二届语言服务高级论坛,会议期间立新司长听取了我们编制《广州语言生活状况报告》工作的汇报并给予了充分肯定和十分具体的发展指导,《广州语言生活状况报告》能够进入国家语委的"绿皮书"系列,也是国家语委工作上接天线下接地气的一个证明,我们有信心把这个工作继续做下去并争取做得更好。

最后得感谢商务印书馆,作为国内最具品牌价值的文化教育传播机构之一,能够细大不捐,将《广州语言生活状况报告》及时纳入商务的年度"绿皮书"的出版计划,这里面尤其是周洪波总编辑的充分信任和不断鞭策,使我们不敢掉以轻心,希望这份报告的质量能够不辜负商务印书馆的寄望。

屈哨兵
2018年3月1日

《中国语言文字事业发展报告(2018)》目录

前言　我国的推广普通话政策

第一章　国家通用语言文字推广普及

　第一节　普通话普及攻坚
　　一、普及攻坚工程规划部署
　　二、县域普通话普及验收
　第二节　推普宣传培训与志愿者行动
　　一、第20届全国推广普通话宣传周
　　二、普通话培训
　　三、普通话普及青年志愿者行动
　第三节　国家通用语言文字水平测试
　　一、普通话水平测试
　　二、汉字应用水平测试
　　三、少数民族汉语水平等级考试

第二章　语言文字规范化标准化信息化建设

　第一节　国家通用语言文字规范
　　一、新时期普通话审音
　　二、汉语词汇规范
　　三、外语中文译写规范
　第二节　少数民族语言文字规范
　　一、少数民族语言文字规范标准建设
　　二、少数民族语名词术语规范和工具书编纂
　第三节　地名用字规范
　　一、地名普查
　　二、不规范地名清理整治
　　三、地名标志用字规范
　　四、标准地名审定
　　五、地名文化保护
　第四节　科技术语规范
　　一、科技名词审定公布
　　二、规范科技名词推广应用
　　三、科技术语规范科学研究
　第五节　语言文字信息化建设
　　一、语言文字信息化研究与应用规划部署
　　二、语言文字信息处理研究
　　三、少数民族语言文字信息化
　　四、语言文字信息技术与产品研发
　　五、"国家语委语言资源网"建设
　　六、信息技术产品语言文字使用管理立法调研

第三章　语言资源科学保护

　第一节　中国语言资源状况
　　一、汉语资源
　　二、少数民族语言资源

第二节 中国语言资源保护工程
　　一、中国语言资源调查
　　二、中国语言资源平台建设
　　三、中国语言资源保护研究
　　四、中国语言资源保护工程管理
第三节 少数民族语言资源保护与建设
　　一、少数民族语言文字方针政策宣传贯彻
　　二、少数民族地区双语和谐
　　三、少数民族语言文字出版与广播影视
　　四、少数民族语言文化信息视频资源
　　五、少数民族语言文字网站资源

第四章 语言服务能力提升

第一节 "一带一路"语言服务
　　一、"一带一路"语言服务研究
　　二、"一带一路"语言服务图书出版
第二节 外语服务
　　一、外语人才培养
　　二、公共服务领域外文译写规范
　　三、北京冬奥会语言服务行动规划部署
　　四、国民外语能力评测标准研制
第三节 特殊人群语言文字服务
　　一、手语和盲文规范化建设
　　二、手语盲文教育与人才培养
　　三、听力和视力残疾人语言文字权益保障
　　四、听力和视力残疾人普通话培训测试
　　五、语言障碍人群语言康复服务

第五章 语言文化传承传播

第一节 中华语言文化传承
　　一、甲骨文研究
　　二、中华通韵研究
　　三、部编语文教材中的传统文化内容
　　四、中华经典诵读活动
　　五、"诵读名家、书法名家进校园"活动
　　六、其他行业系统语言文化传承传播工作
第二节 汉语国际传播
　　一、孔子学院建设
　　二、汉语国际教育
　　三、华文教育
　　四、汉语在全球的影响力
第三节 语言文化交流合作
　　一、两岸语言文化交流合作
　　二、内地与港澳语言文化交流合作
　　三、语言文字国际交流合作
　　四、首届中国北京国际语言文化博览会
第四节 中华思想文化外译传播
　　一、《习近平谈治国理政》外译传播
　　二、中央文献对外翻译

三、中国关键词多语种对外传播
　　四、中华思想文化术语整理与外译
　　五、中国特色话语对外翻译标准化术语库建设
　　六、中国话语海外认知度调研
　　七、中华文化外译出版

第六章　语言治理体系构建

　第一节　语言文字工作督查
　　一、城市语言文字工作评估
　　二、语言文字工作督导评估
　第二节　行业领域语言文字工作
　　一、教育领域
　　二、新闻出版广电领域
　　三、商业领域
　　四、交通运输领域
　第三节　语言文字学术建设
　　一、语言文字科研项目
　　二、国家语委科研机构建设
　　三、语言文字学科建设
　　四、语言文字应用研究人才培养
　第四节　社会语言生活引导
　　一、发布语言生活皮书
　　二、语言文字应用咨询服务
　　三、"汉语盘点"活动
　　四、"随手拍错字"活动
　第五节　语言文字工作机构和队伍建设
　　一、语言文字工作机构建设
　　二、语言文字工作队伍建设

附　　录

教育部　国家语委关于印发《国家通用语言文字普及攻坚工程实施方案》的通知
教育部　国家语委关于进一步加强学校语言文字工作的意见
国家民委"十三五"少数民族语言文字工作规划
2017年发布或通过审定的语言文字规范标准
2017年国家语言文字工作大事记

《中国语言生活状况报告(2018)》目录

第一部分 特稿篇

深入学习贯彻党的十九大精神 推动新时代语言文字事业创新发展
把握新时代语言文字事业的历史担当
建设社会主义现代化需要更好的语言服务

第二部分 工作篇

中共中央、国务院及相关部委公文中有关语言文字的内容
国家通用语言文字工作
少数民族语言文字工作

第三部分 领域篇

脱贫攻坚需要语言文字助力
全民阅读步入新时代
我国中小学统一使用"部编本"语文教材
首届中国北京国际语言文化博览会
甲骨文入选"世界记忆名录"
语言智能那些事儿
司法判例中的语言证据
省级政府门户网站多语服务调查
网评低俗词语使用调查
旅游景区的语言景观状况
济南市商户叫卖语言使用调查
佤族"原始部落"翁丁的语言生活
独龙江乡中小学生母语现状调查
新疆柯尔克孜族语言使用调查
语言生活皮书系列
《中国语言文化典藏》出版

第四部分 热点篇

"新四大发明"开启语言新生活
实名认证中的一"点儿"烦恼
"王者荣耀"上户口 "北雁云依"成判例
"黑科技"的"黑"与"红"
中成药命名新规征求意见稿引热议

第五部分 字词语篇

2017,年度字词记录时代印迹
2017,新词语里的社会热点
2017,流行语里的中国与世界
2017,网络用语中的草根百态
不可忘记的"初心"

第六部分 港澳台篇

香港《施政报告》中的少数族裔语文政策

香港报章中的中英语码转换现象
　　台湾语文生活状况(2017)
　　台湾语言生活:来自埔里的观察
　　台湾高中语文课纲"文言文"比例再起纷争

第七部分　参考篇

　　蒙古国文字政策的历史与现状
　　哈萨克斯坦国语字母拉丁化进程
　　挪威高等教育学术语言"英语化"趋势
　　国际语言规划与政策类期刊2017年焦点扫描

附录

　　2017年语言生活大事记

图表目录

术语索引

光盘目录

　　国际标准ISO 7098:2015《信息与文献工作——中文罗马字母拼写法》及其国际意义
　　2017年度媒体用字总表
　　2017年度媒体高频词语表
　　2017年度媒体成语表
　　2017年度媒体新词语表

后记

《中国语言政策研究报告(2017)》目录

前言:2016年中国语言政策研究热点

第一章　语言政策理论和国家语言战略

　　第一节　语言政策理论
　　第二节　国家语言战略
　　第三节　"一带一路"语言问题研究

第二章　国家通用语普及

　　第一节　推广普通话
　　第二节　推行规范汉字
　　第三节　推行《汉语拼音方案》
　　第四节　港澳台地区语言政策和语言生活

第三章　语言规范

　　第一节　语言规范理论与方略
　　第二节　普通话语音规范
　　第三节　汉字规范
　　第四节　汉语词汇规范
　　第五节　网络语言治理
　　第六节　少数民族语言文字规范
　　第七节　外文译写规范
　　第八节　海峡两岸和香港、澳门汉语汉字规范

第四章　语言保护

　　第一节　语言保护理论与方略
　　第二节　语言保护政策框架
　　第三节　中国语言资源保护工程
　　第四节　语言保护个案研究

第五章　语言教育

　　第一节　语言教育规划与国民语言能力
　　第二节　国家通用语教育(语文教育)
　　第三节　少数民族双语/三语教育
　　第四节　外语教育

第六章　语言传播

　　第一节　汉语国际传播理论与方略
　　第二节　孔子学院研究
　　第三节　汉语国际教育
　　第四节　海外华文教育
　　第五节　海外华语研究与华语生活

第七章　语言服务

　　第一节　语言服务理论

第二节　语言服务产业
　　第三节　特殊语言服务
　　第四节　语言技术服务
　　第五节　社会语言服务

第八章　世界语言政策参考
　　第一节　亚洲国家
　　第二节　欧洲美洲大洋洲国家
　　第三节　非洲国家
　　第四节　其他

参考文献

摘编文献索引

《世界语言生活状况报告(2018)》目录

世界语言生活纵览(2013—2014)

第一部分　生活篇

　　韩国多举措规范外文译写
　　马其顿的语言问题及政府对策
　　加泰罗尼亚公投中的语言问题
　　克里米亚"脱乌入俄"前后的语言状况
　　英国的外语危机
　　爱尔兰国语的地位与困境
　　多国外语教学提前及其挑战
　　世界语言文字博物馆

第二部分　政策篇

　　阿联酋:"语言危机"后的阿拉伯语规划
　　日本的"日裔定居外国人语言政策"
　　蒙古国颁布《蒙古语言法》
　　《斯里兰卡国家三语制度十年规划》发布
　　南非颁布《学后教育培训白皮书》
　　布隆迪重新确立官方语言
　　摩洛哥的阿马齐格语:从土著语言到官方语言
　　法国新《法语使用法》颁布20周年
　　法国《高等教育与研究法》中的语言条款
　　德国的移民语言政策
　　拉脱维亚的国语政策
　　墨西哥《国家印第安语中心2014—2018年规划》
　　澳大利亚白皮书:亚洲语言教育新政策
　　欧盟"伊拉斯谟+计划"和多语教育未来

第三部分　动态篇

　　朝鲜韩国合编《民族语大辞典》
　　印地语新纠纷
　　芬兰语言格局悄然改变
　　苏格兰盖尔语的保护与发展
　　俄罗斯移民语言管理动向
　　委内瑞拉保护印第安语新举措
　　联合国教科文组织维护语言多样性

第四部分　语词篇

　　日本年度热词与年度汉字(2013—2014)
　　俄罗斯年度词语(2013—2014)
　　德国年度词(2013—2014)
　　法国年度术语及新词(2013—2014)
　　西班牙年度热词(2013—2014)
　　英语年度热词(2013—2014)

第五部分　年报篇
　　韩国世宗学堂财团年度报告(2013—2014)
　　日本国际交流基金会年度报告(2013—2014)
　　俄罗斯世界基金会年度报告(2013—2014)
　　英国文化教育协会年度报告(2013—2014)
　　法国法语联盟年度报告(2013—2014)
　　德国歌德学院年度报告(2013—2014)
　　西班牙塞万提斯学院年度报告(2013—2014)

第六部分　附录
　　中国媒体有关世界语言生活文章选目(2013—2014)
　　国外语言生活论著选目(2013—2014)
　　国外语言生活大事记(2013—2014)

后记

图书在版编目(CIP)数据

广州语言生活状况报告.2018/屈哨兵主编.—北京：商务印书馆,2018
ISBN 978-7-100-16123-7

Ⅰ.①广…　Ⅱ.①屈…　Ⅲ.①社会语言学—研究报告—广州—2018　Ⅳ.①H1

中国版本图书馆 CIP 数据核字(2018)第 095055 号

权利保留,侵权必究。

广州语言生活状况报告(2018)
屈哨兵　主编

商　务　印　书　馆　出　版
(北京王府井大街36号　邮政编码100710)
商　务　印　书　馆　发　行
北京新华印刷有限公司印刷
ISBN 978-7-100-16123-7

2018年5月第1版　　　开本 787×1092　1/16
2018年5月北京第1次印刷　　印张 14½
定价:49.00元